金牌招聘官是怎样炼成的

惠 惠／著

中国法制出版社
CHINA LEGAL PUBLISHING HOUSE

自序 GUIDE YOU TO BE A GOLDEN RECRUITER

一直以来，我都有把自己这么多年的招聘经验分享给大家的想法，直到2018年的夏天，中创信测人力资源总监贺清君先生找到我，说我在招聘领域里有着丰富的经验，而且又在一些大公司历练过，实操性强，问我有没有想法把自己的实战经验写出来和大家分享。这与我的想法不谋而合。

在贺总的鼓励下，我花了几天时间拟定了题目和写作大纲，发给贺总看，没想到竟得到贺总的夸奖，他说我写作有天赋、文笔不错，一定能完成好这本书。他的话一下让我有了更强的信心。于是我开始与中国法制出版社的潘孝莉老师进行接触，并很快达成一致，签订了合同。

2019年2月，正式执笔写作，整体写得还比较流畅，毕竟在招聘领域里沉淀了十几年，不过在写书的过程中也难免会遇到困惑的地方，这个时候，我就会沉下来，想想过往自己在企业里是如何做的，然后再以理论作为支撑，形成可供大家学习的思路和想法。可能是学艺术的原因吧，我的代入感很强，做事情极为投入和专注，也很认真，我几乎把所有的业余时间都投入到了写作中，不停地写，不停地改，差不多历时大半年的时间，完成了该书的写作。

目前，市场上的招聘书籍大多是工具方面的书，个人觉得过于理论化，也偏教条。由于我有着在甲乙双方工作的深度体验，且亲历了中国民营企业成长的巨大变化，因此就想把自己在这些企业中得到的历练和招聘感悟分享给大家。于是，我把自己近20年的招聘经验做了一番梳理，总结出不少案例结合理论和大家分享。

我在外资制造业的招聘工作还属于中规中矩的招聘。外企有很多成熟的机制和成体系的流程，招来的人大都有参照，可以直接把他们想要的人才“画像”装在他们定制好的框框里。而民企则不然，它们用人灵活，很多时候可能并没有一个可以参照的标准，会因为业务的变化而给候选人量身打造一个职位，有时候可能还需要招聘官熟悉业务和市场情况，给候选人衍生出一个新的职位，等等。这些年，我见证了整个中国民营企业的快速发展，感到民营企业最大的变化就是“不变”。

在做高管寻访顾问期间，每天都在和中国的高级职业经理人沟通和交流。坐在我面前的职业经理人就像一本本摊开在我面前的书，我能感知到他们成长的过程和人生经历，见证了一批又一批高级职业经理人的奋斗历程。我觉得应该把自己这么多年的宝贵经验写出来分享给大家。

本书对传统的体系和流程并没有过多的描述，而是以一种全新的视角，从招聘官应具备的素质、专业知识、判断和沟通能力等隐性的方面带出对高端招聘的要求，试图给大家带来一种思路上的拓展。所谓“功夫在身外”，这是第一次把形象管理纳入人力资源招聘管理中。

本书还运用了一些测评方法对人才进行评估；提出了“找对人比做对事情更重要”的观点来强调“人”在企业中的重要性，提出“面试的是人性不是人心”，“面试的不是一个人而是一个家庭”，一些高管的行为特征和原生家庭息息相关等；本书还讲述了大数据时代的到来给招聘带来的工作模式和思维习惯上的改变，及社交网络、新媒体对传统招聘的挑战等。另外还有一个颇具亮点的地方是，本书第一次提到如何建立以核心价值观、绩效和责任为导向，以战略性职位为核心的差异化人力资源管理体系，并给出案例以加强读者对差异化人才招聘的了解；同时，该书还提到了变革中的招聘管理，打破了以往“按图索骥”式的招聘方式，而转变成与企业相适应的、可以及时调整的人才招聘模式，帮助企业在动态环境下寻找到合适人选。本书引用了大量的案例，结合相关的章节来探讨问题。

写作很辛苦，但我很享受这个过程，也希望能给读者带来启发。本书是我的处女作，如果有不足之处，敬请赐教。

惠惠

北京烁程企业管理咨询有限公司合伙人

招聘高手的成功之道

我非常愿意为惠惠这本《金牌招聘官是怎样炼成的》写序。作为市面上多套人力资源畅销丛书的主编，我知道市场上有各种各样的招聘书籍，但是从招聘官本身应具备的素质和特质展开来讨论的书并不多见。跳开招聘，从更广阔视角看招聘，非常有创意，我认为这本书值得推荐！

惠惠是一位跨界的人力资源行业的招聘专家。她是音乐科班出身，毕业于天津音乐学院声乐系，有“被HR耽误的歌唱家”之称。早年在英国基尔大学就读人力资源与产业关系学，获得硕士学位，并获得了2002年度的校长奖学金。这是她在学业上的跨界。她的跨界也体现在职业上：她既有外资企业HR的管理经验，又有在知名猎头公司的招聘经验，同时还担任过两家千亿级企业的招聘总监，并且在甲乙方的公司做得都比较成功。这样的人在市场上也是屈指可数的。

本书采用了金字塔原理的总分总、自上而下的架构，属于文化类书籍。不同于工具书和实务书，它有温度、有链接、层级更高，更适合企业的CEO、职业经理人、HR同仁、猎头顾问和高校的师生阅读，实践性强，并且体系性强。

全书涉及招聘官应具备的素质、如何引导老板的用人观和面试方法、如何用一双慧眼辨别简历的真假，如何用评估方法、测评方法和背调来验证候选人的真实性等。本书的亮点是给出了各种企业里的实操案例，并与理论很好地结合在了一起；本书还第一次提出HR的形象管理不仅仅是注重招聘官自身的形象，而且要通过对候选人的穿衣、打扮及显性的外部特征看出候选人的一些性格特征及所处的层级，而这些判断上的功力就是区别“金牌招聘官”与普通招聘官的最大区别。

本书还提出了“找对人比做对事情更重要”，并举了滴滴的程维和柳青搭档之间合作和相互信任的例子；还写到在HR抢人的阶段，一将诚然难求，千军也难求；提出了“面试的是人性而不是人心”，“面试的是一个家庭而不是个人”等一些独特和新颖的观点。

本书以大数据如何引领HR变革结尾，并结合案例阐述了人工智能对HR的影响。本书最重要的特点就是实战性强，引用了大量的案例结合理论探讨问题，深入浅出，不仅适合有经验的职业经理人、企业CEO看，同时也可以帮助职场小白快速理解企业人力资源及“金牌招聘官”在企业中的作用，并运用一些实战的工具为企业服务。

这本书受益于惠惠丰富的经验，也充分体现了她洞察力和经验的结合。如果您想要做一个招聘高手，本书内容堪称经典，适合企业各级管理者及HR管理者认真学习，非常值得一读！

贺清君

著名人力资源专家

高端招聘也是可以看书学习的！

我很乐意为惠惠（Donna）写这篇序，不仅仅因为她是我的同事，更重要的是惠惠本人以及这本书本身的价值！

惠惠是身跨多个领域的人：职业上经历过传统的外企、创业公司，还先后在两家千亿级快速成长的民营企业中担任过招聘总监；体验过传统制造业、高端装备、新能源、大健康、金融等不同产业；从招聘专家的角度看，又有科锐、伯乐以及FMC这样的知名猎头公司的专业招聘经验……更令人赞叹的是，在每段工作经历里，她都能表现得十分出色。惠惠的跨界不仅表现在职业上，同时也表现在生活中及她的人生阅历上：惠惠早年曾留学英国（目前仍然是英国基尔大学的中国区校方代表），是科班出身的专业级歌唱家，同时还在很多社会活动中身兼要职……

事实上，这些职业、生活及人生阅历，对于一个资深的招聘者来说都极为重要！根据惠惠的经验，招聘者除了招聘本身，还同时承担着企业的公关及销售功能。

我于1997年开始从事猎头行业，曾经作为创始主编负责过中国最知名的猎头专栏《大猎论道》多年。因为职业的缘故，亲身经历或见证过很多招聘对企业产生重要价值的案例。我越来越认为：在大多数情况下，很多看似复杂的管理问题，只要在关键的位置上放上合适的“人”，难解的问题往往可以“不治而愈”。这就是高端招聘的价值。

重要而合适的人，需要重要而合适的招聘者去发掘。招聘者可能是资深的HR人士、资深的猎头顾问、资深的企业高管，或是企业的CEO或创始人。高端招聘，的确有着科学的流程与方法论，但在很多时候，也是招聘者个人的艺术性的发挥。

但无论是科学还是艺术，很重要的一点就是：招聘是可以学习的。阅读关于招聘的书，无疑是学习招聘的重要途径之一。

我研究过很多关于招聘的书籍与文章，仍然觉得惠惠的这本《金牌招聘官是怎样炼成的》值得认真推荐，原因如下。

一、能够在多家知名企业及知名猎头机构都有成功记录的招聘者，确实不多。有如此成功的实践，还有能力、有意愿，也有机缘将其经历系统总结成一本书的招聘者那就更加凤毛麟角了。

二、实践者总结的书籍，通常比研究者总结的书籍更有趣，在信息超载的时代，书的趣味性，有时也很重要。

三、这本书在有趣的同时，还非常系统。从实战细节，招聘者的素养，如何影响组织、老板与候选人，到技术及数据驱动时代下如何招聘等问题都涉及了，而且案例丰富，深入浅出。

无论是企业HR、猎头顾问、公司管理人员，还是企业老板，就招聘而言，我都相信这本书会给大家带来实实在在的价值！

陈勇（Charles）

FMC创始合伙人

《大猎论道》（猎头栏目）第一任主编

《真实世界的猎头艺术》（猎头实践书籍）主编

01 第一章 金牌招聘官应具备的素质

本章概括了成为一名金牌招聘官需要具备的一些素质，我认为，人品比能力更重要。然后从亲和力高、情商高及招聘官对工作及人才理解的精准性等方面展开讨论。还提出形象管理不仅是要求候选人的形象，指出“金牌招聘官”和普通招聘官在对形象管理、对公司业务及人才需求的把握等上的差异，强调“金牌招聘官”的沟通能力和判断力。

02 第二章 引导和培养老板的用人观

本章讲述了成熟型企业和扩张型企业的区别，举例说明了盲目招聘可能给公司造成的损失，阐述了如何让企业内部帮助老板制定招聘需求、招聘分析及考查指标，又通过两个案例讲明了招聘需求的重要性和人才地图的做法及其重要性。以及在快速发展的企业里如何帮助老板给企业衍生职位等。

03 第三章 候选人的显性和隐性能力

本章概述了职业经理人需要具备的最重要的三个核心素质：影响力、学习力和决策力，如情商 vs. 智商、经验 vs. 经历、学历 vs. 能力，以及如何依靠它们来了解候选人的显性、隐性能力。

04 第四章 慧眼识别属于你的简历

本章介绍了辨别简历的一些方法和技巧，并展示了一些案例，同时告诉招聘官如何对付“面霸”机构、如何通过语言和表情识别虚假信息，并以案例解析了如何利用微表情识人。

05 第五章 中高层管理者的面试技巧

本章告诉招聘官如何用基于素质的行为面试法来识别候选人的一些特质，讲解了关键人才画像和岗位画像的做法和重要性，并同时告诉招聘官应从哪些素质项入手提问题，从而为企业找到合适人选。此外，本章还介绍了结构化、非结构化面试的方式，讲述了行为面试与情景面试的区别，如何运用结构化的STAR追问技术、如何根据不同的问题采取不同的方法提问、如何掌控面试过程及面试的注意事项等。

06 第六章 如何善用背景调查

本章用两种不同类型的背景调查案例说明了背景调查的作用和

重要性，由此引出了背景调查的方法、渠道和核心问题等，并配合背景报告范例和一些实操工具范本，进一步说明背景调查只是一个工具——金无足赤、人无完人，如何用好背景调查才是最重要的。

07 第七章 如何在茫茫人海中找到他

本章告诉招聘官们如何从企业内部发现人才、从实践中发现人才、找到优秀人才、留住人才，并提供了一些实际案例加以分析。我在此提出，不仅一将难求，千军亦难求，展现了时下各企业人才争抢的激烈，还讲述了一些过时的传统选人方式及如何采用新型的招聘形式招聘到优秀人才。

08 第八章 如何运用猎头思维运营人才招聘

本章阐述了猎头和企业HR服务性质的不同，及其在人才招募上存在的一些共性和差异。这些差异体现在企业找人和猎头找人上出现的主动与被动的区别，以及在运作流程、渠道运用、市场定位、需求理解、信息系统管理、绩效考核等方面存在的差异。

09 第九章 评价中心技术

本章介绍了常见的一些评估工具，如公文筐测试、无领导小组讨论、智享会等，并结合案例给出了各种工具的运用方法和优缺点。同时，介绍了一些测评工具（如SHL、Hogan）的运用并分析了它们各自的优缺点，得出评估工具智能印证判断但不能代替判断，更不能作为一票否决项的结论。

10 第十章 高管谈薪技巧

本章在开篇简单地介绍了薪酬结构的组成及如何设计薪酬体系，并给出具体操作的步骤——了解候选人的真实诉求后再展开薪酬谈判，并用实操的案例讲述如何运用薪酬谈判技巧吸引高端人才。

11 第十一章 找对人比做对事情更重要

本章认为，招聘官面试的不仅是个人而是一个家庭，面试的不是人心而是人性，并分别辅以案例来加深读者对这些说法的理解。最后探讨了文化的适应性，即如何找到与公司价值观一致的人、如何使这些人融入公司等。

12 第十二章 差异化招聘管理

本章提到如何建立以核心价值观、绩效和责任为导向，以战略性职位为核心的差异化人力资源管理体系，指出战略性的岗位并不是高端岗位，而是对企业战略起到重要作用的岗位，并结合案例来加强读者对差异化人才招聘的理解。本章还讲述了处于不同时期的企业对招聘官能力和素质的要求；定义了未来团队发展方向趋于“交响乐团式”的模式，探讨了 HR 如何从支持者走向赋能者，并分享了阿里巴巴的招聘赋能模式案例。

13 第十三章 技术对招聘的影响

本章着重介绍了大数据时代下，企业招聘的特点。比如，人们如何把人工智能、区块链、云计算和大数据运用在招聘中，提高招聘效率、降低招聘成本等。目前，人工智能能帮助人们从海量的简历库里抽身，但它还是很难代替人，“人”与“机”更是一种协同的关系。随后，本章探讨了大数据如何驱动人力资源转型、大数据如何引领 HR 变革等，进一步阐述了人工智能在近期只会大幅度取代职业中机械性和逻辑性的工作任务，但是在情感和社交领域里，还暂时替代不了人类等。职位内涵的丰富性决定了创造性将成为未来职业价值的核心体现。

GUIDE YOU TO BE A GOLDEN RECRUITER

第一章　金牌招聘官应具备的素质

本章导读

本章概括了成为一名金牌招聘官需要具备的一些素质，我认为，人品比能力更重要。然后从亲和力高、情商高及招聘官对工作及人才理解的精准性等方面展开讨论。还提出形象管理不仅是要求候选人的形象，指出“金牌招聘官”和普通招聘官在对形象管理、对公司业务及人才需求的把握等上的差异，强调“金牌招聘官”的沟通能力和判断力。

招聘官是创造企业人力资本价值最关键的一环。招聘官是企业人才流入的“质检员”，合格的招聘官的直接产出就是为企业招聘到优秀的人才并且创造卓越的人才价值；反之，不合格的招聘官无法对人才进行严格的把关，会使不合格的员工流入企业，然后迅速大量流失，给企业带来更大的直接和间接经济损失。

招聘官是一家公司的“门脸”和名片，在企业中有着举足轻重的地位，他是伯乐、是“外交官”和品牌宣传官，同时还是一名销售，即要把公司和职位销售给候选人。一名优秀的招聘官需要能够触类旁通、具有较宽的知识面，不仅需要了解自己公司所在行业的专业知识和技术能力，还要对时事、眼下热议的事件有所了解，同时也应是一位兴趣广泛、具有谈资和有趣的人。通常，一名优秀的招聘官需要具有以下素质：1.人品正直、唯才是举；2.懂得招聘是销售部+外联部；3.企业文化形象代言人；4.懂战略、懂业务；5.对岗位理解到位；6.亲和力高、情商高；7.主动沟通业务部门。

第一节 | 人品比能力更重要

有一个很有道理的比喻是："德才兼备是正品，有德无才是次品，无德无才是废品，有才无德是毒品。"

看一个人是否是可以合作的人，能力固然很重要，可有一样东西比能力更重要，那就是人品。人品不行，能力再好，也坚决不用，特别是不能聘作企业高层。能力不行，只要用心，还能改变和提升，但一个人的价值观是难以轻易改变的；如果一个人的职业经历超过十年以上还是负面思维，你便很难跟他合作，即便合作了，也很难长久。这是大多数企业家一贯认可的用人之道。

人品就像一辆车的方向盘，而能力就是车轮，车轮要靠方向盘调整它的方向，方向明确了，即使速度不够快，它终究能到达彼岸，方向不正确，车开得再快也是南辕北辙。一个人的人品与事业成败密切相关，要想取得事业上的进步，人品必须过硬。

在企业招聘里最重要的是人品，在这么多年的招聘工作中，我看重的也一直是人品。人品一定要好，其次才是能力，人品不好的人，对企业极具杀伤力，尤其是高管。另外，招聘官是在为企业选人，要选适合企业发展、经营的人，而不能凭着自己的喜好去找人。"用人唯贤"讲的也是这个道理，人品好、能力差一些，可以通过培训来提高他的能力，但如果一个人人品不好、能力却很强，那么此人非但不能给组织带来好的影响，相反还会给整个团队甚至组织带来不可想象的负面影响，同时也会侵蚀企业文化。

我曾就职的一家企业曾在一周内连续劝退了几名高管，这一周也是该企业历史上高管走得最多的一周，老板认为他们“德不配位”。该公司的企业文化里有一条：“品德问题是零因子，零乘以亿万等于零”，这些高管里有受贿的、有把团队搞得乌烟瘴气的、有一手遮天的，也有不担当的、人浮于事的，这些被劝退的高管在工作行为上有一些共通之处：工作要么交给下属自己解决，要么交给上级处理，他自己身居高位，却从不作决策……这样的高管无疑会给公司带来很大的损失。

小米公司的雷军在找人时就会以“德为先，才为后”作为标准，他会亲自面试每一个人，尤其在面试高管时，会经过多循环、多维度的考察。

腾讯的马化腾也曾表示，在腾讯的用人观里，最重要的就是人品，“人品要特别正直，如果有人品方面的任何问题，哪怕这个人能力再强，我们都不会要”。

能力决定着一个人能走多快，而人品则决定着一个人能走多远。好人品可以弥补能力上的不足，古语有云：“吉人自有天相”，孔子则说：“德若水之源，才若水之波。”

清朝道光年间，曾国藩在写给弟弟的信中讲：“吾人只有进德、修业两事靠得住。”人这辈子，只有人品和能力两件事情靠得住。因此，如果自己能力不强，就尽量做个好人，准没错。

举例 新东方创始人——俞敏洪

新东方的创始人俞敏洪长得不帅，他自己也多次说，自己是个没有显性领导力的人。大学毕业十年后，1995年，正值新东方的快速发展期，急需大批优秀的人才，俞敏洪便跑到美国和加拿大去找他的同学们。为了“诱惑”他们回国，俞敏洪特意换了一大把美元，每天在美国挥金如土，想让他们知道现在的中国不像从前了，在中国，只要你努力，也能赚到钱。

后来，他的同学们回来了，但是给了一个令他十分意外的理由，“俞敏洪，我们回来是冲着你过去为我们扫了四年的地，打了四年的水。我们知道你有这样一种精神，你有饭吃，肯定不会给我们喝粥”。

原来，考上北大后，俞敏洪每天打扫宿舍卫生、为同学打水，风雨无阻地干了四年，所以他的宿舍从来没排过卫生值日表。有的时候他忘了打水，他的同学就会说：“俞敏洪，怎么还不去打水？”

学校放映电影时，俞敏洪一个人扛着全宿舍的凳子去占位置……这些同学的加入奠定了新东方发展的基础，有了他们，新东方才能不断地做大，成为上市公司。

人品可以弥补能力上的不足，能力却永远弥补不了人品上的缺陷，这就是为什么自古以来的选人标准都是“德才兼备，以德为先”。

俞敏洪打造了在全世界都有一定名气的民营企业，他个人的人品为他聚集了很多优秀的人才，这些人才帮助他把新东方的事业大厦建得又高又稳。

第二节 | 亲和力高、情商高

招聘官是公司的第一窗口，同时，亲和的招聘官更容易获得真实信息。通常，他们对应聘者非常有礼貌，面试过程中始终面带微笑，让应聘者感到轻松愉快，自信心油然而生。他们会认真倾听、观察应聘者的表现，在表达方式上永远让应聘者感到舒服。他们这样做的好处在于能让应聘者彻底放松，从而减少不必要的干扰因素，考查应聘者最真实的能力素质。良好的面试氛围会让应聘者感到非常舒心，容易坦诚交流，充分地讲述他们的背景、取得的成就、行为方法和思维理念，等等。这种情况下，很多时候，面试官不用多提问，就能获得需要的信息。在这种温和的环境下，应聘者会认为得到了尊重，即使公司并没有录用他们，他们的自信心和自尊心也不会受到损伤。

对应聘者要有应有的尊重，要会礼貌友好地向应聘者问好，在简单的寒暄后介绍自己的公司和招聘岗位的情况，同时也给候选人机会介绍他们自己的基本信息，但这些一般都是点到为止，礼貌中要保持一定的距离。一名合格的招聘官通常不会生硬地问一些问题，如离职原因，以及应聘者对上一家公司或领导的看法等，而会像拉家常一样，让应聘者摸不清他们究竟想知道什么。但招聘官始终掌握着交流的主动权，引导应聘者自然而然地说出招聘官想要获得的信息。招聘官所问的问题看似杂乱无章，但其实他们的内心十分严谨。特别是问到关键问题时，更是会深藏“庐山真面目”，自始至终，不会把内心的感受表现出来。招聘官的提问也会一环套着一环，像剥洋葱一样挖掘应聘者内心的真实想法及深层次的东西，而且不会轻易当着应聘者的面评价他们的表现。

一名合格的招聘官不会因为应聘者学历低、年纪轻、形象气质不佳、不善言辞，或与自己观点不同就给应聘者打出较低的评价或者草率地结束面试，也不会因为应聘者学历高、工作经历丰富、形象气质佳、表达能力强、与自己风格相似等就对他们另眼相看。他们需要对应聘者进行公正的评价，一切都基于岗位的胜任素质和评价标准。对所有的应聘者，他们都能做到全面的解剖，准确地判断对方能力是否与岗位相匹配。

在选人的过程中，如果任凭个人偏好影响判断标准，就会出现比较大的问题。招聘官对应聘者的判断，应当基于岗位的要求、基于某种特定标准下的判断，虽然很多应聘者都和职位不匹配，但这绝不能说明他们不优秀、不出色，他们可能只不过不适合该公司的职位而已。因此，对待不符合公司要求的应聘者，招聘官也要给予礼貌的对待和充分的尊重。

第三节 对职位需求的深刻理解

首先要做到知己知彼，招聘官要熟悉自己的公司、了解自己公司的产品和目前所处的阶段，对招聘这个岗位的目的、需要应聘者解决的问题等都要了如指掌。招聘官熟悉自己公司的业务，会让候选人对公司产生基本的信任和好感。如果招聘官在向候选人介绍公司的过程中能够精准地表达出公司的核心竞争优势及目前公司所遇到的挑战等，也必然会增强公司对应聘者的吸引力。另外，如果在面试的过程中，招聘官能够对应聘者之前的公司有一个基本的了解，就很容易让候选人产生“这个招聘官不简单”的想法，从而增强招聘官和应聘者之间的共鸣。这有利于应聘者对企业产生信任和好感，也更会对招聘官敞开心扉。招聘官必须懂业务、能从业务的角度看问题，才能和应聘者毫无障碍地进行交流，避免给应聘者造成“内行人说外行话”的印象，导致无法与应聘者进行充分的沟通和交流的尴尬状态，从而无法准确判断应聘者的能力是否与公司岗位需求相匹配。

另外，公司所处的阶段不同，对候选人的能力要求也是完全不一样的，一定要有非常清晰的人才地图，对这个职位有深刻的体会和了解，在面试应聘者之前做足功课，同时也要对应聘者之前的公司及业务有一定的了解，判断他目前所在公司的岗位和职位与该岗位的匹配度。尤其是高端人选，圈子本身就小，一个公司里的高管并不多，如果他们认可招聘官的专业度，那么他们对招聘官问题的回答通常都会无限接近真实情况。

E公司曾经大规模寻找金融领域的高端人才，如基金CEO、财富CEO、供应链金融总裁、项目融资执行总裁、资本执行总裁等，虽说都和融资相关，但这些职位本身对人的要求是有一些差异的。我拿一位适合做资本执行总裁的应聘者举个例子：该应聘者目前在北京某资产管理有限公司担任总经理，曾在某证券公司担任融资高级经理、在某投资机构担任融资高级经理，又在某基金公司担任副总经理。如果只看简历，你会觉得该人选的背景比较杂，会把他当成项目融资总裁的人选。但是通过和他沟通，我立即判断他适合做资本执行总裁。对于这种模棱两可的职位，招聘官一定要能很快作出判断，否则不仅会浪费高管们的时间，也会浪费自己的时间。这其实就是对招聘官专业能力的一个考核。

为了便于大家了解以上职位，我简单地说一下这几个职位的共性和区别：

这些职位的共性就是能给公司融来钱，但每个职位又有一些区别。

比如，基金中心CEO要求候选人具有募、集、管、退的经验，而且要成功操作过产业基金募集；财富中心合作团队负责人的职责，是将业务包装成财富产品，出售给高净值客户，更倾向于建立个人客户；而项目融资中心总裁则偏向融资业务及方案的设计，要求候选人有丰富的项目融资经验和实操案例。

就资本执行总裁而言，我们对这个职位的要求有以下几点：

1.负责公司多元化融资渠道的建立、拓展与维护，要求候选人有基本的运行经验。

2.负责建立与维护政府金融机构、各大银行、第三方理财机构、信托、民间资本等渠道，并和各金融机构等融资渠道建立良好的合作关系，完成公司的融资目标。

3.负责投资项目的直接或间接管理，监控和分析投资项目的经营管理，并及时提出业务拓展和管理改进的建议。

再回到刚才我分享的那个案例，该候选人在证券公司担任融资高级经理和在某投资公司担任融资高级经理的经历会让人误以为他适合项目融资的职位，但是通过仔细审阅他的简历，会发现他其实绝大多数的工作经验都是在资本运作方面，做的事情也更偏向资本运作，所以我推荐他做资本运作总监。

我们每天都有大量的简历要筛选，靠的就是常年的积累，透过简历基本上就对候选人与岗位需求的匹配度有了初步的判断，从而达到简历推荐的精准性。作为一名合格的“金牌招聘官”，面试效率要高，要在有限的时间里挑出最合适的人选。这也是“金牌招聘官”的核心能力。

第四节 | 招聘官是销售+公关

不懂销售的HR不是好的HR。现在的招聘和从前的招聘大不相同，作为一名招聘官，不仅需要具备人力资源的相关知识、良好的沟通和表达能力，还应该是一名出色的销售。要把公司“销售”给每一位应聘者，吸引他们加入公司，同时也要把自己“销售”给应聘者，让他认可自己的专业度。除此之外，招聘官也像是一名公关人员，要经常参加人力资源同行举行的活动、参加和自己公司业务相关的论坛等，遇见优秀的人才时要有意识地将自己的公司推荐出去，同时将个人职业形象有效地呈现出来，得到人才的信任。

此外，HR还要注意个人形象，招聘官是一家公司的门面，很多时候，应聘者就是依据HR的形象气质来定位你的公司的，HR代表的是整个公司的形象，来不得半点马虎。招聘官需要与公司进行内外的沟通协调，对内要与各部门负责人协作和沟通，支持他们的工作，对外要展现出与公司品牌宣传相一致的企业形象，从而提升公司的社会知名度和美誉度，吸引更多优秀的人才来公司。

第五节 ┃ 形象管理

心理学研究发现，人们的“第一印象”是非常短暂的，有人认为是可以见面的前40秒，有人甚至认为是前2秒，一眨眼间，对方几乎就可以对你“盖棺论定”了，往往就是这短短的几秒钟在决定一个人的命运。在如今快节奏的时代里，人们早已没有耐心用更长的时间去了解一个人，来印证一个并不好的“第一印象”。在心理学上，“第一印象”被称为“首要效应”，无论正确与否，大多数人都会依赖“第一印象”的信息，而这个“第一印象”的信息对人日后的行为起着至关重要的作用，“第一印象”的人就是经济效益。它比第二次、第三次的印象及日后带来的了解更重要。

作为一名应聘者，首先需要明确自己想展现的是什么，毋庸置疑，需要掌握基本的办公室礼仪。面试时，着装一定要专业、正式，女士着裙装或裤装，上身着衬衣或西服，要给人一种干练的感觉，不管是否能胜任该工作，至少在着装上要先胜人一筹。一个人，在你看到他第一眼的7秒内，他的身材、容貌、口音、体态、衣着、谈吐，就已经形成“第一印象”。

良好的“第一印象”就体现在得体的穿着、自信的谈吐和落落大方的仪态上。我在面试高管时，比较看重形象和气质，很多人都说我是“外貌协会的”，可我始终认为一个人如果连自己的形象、身材都管理不好，也不可能把工作做好。

反观招聘官也是如此，他代表企业的形象，并把它呈现给每一个应聘者。优雅而不失职业的着装，自信、亲切的神态，干练、稳重的步伐，使招聘官看起来自带光芒、具备一个领导者的魅力。西方有句俗语：“你就是你所穿的！”在远古时代，服装最基本的功能是御寒，遮体是文明的标志，在社会产生了阶级后，尤其是现代社会里，服装最大的功能就是自我展现和表达。这也是很多人不惜花费时间和金钱来选择那些能让他们展示出最好的风姿和成就的服装的原因。其实，服装从某种意义上来说也在悄无声息地帮你做着交流、沟通，传递着你的信息，让人们知道你的品位和喜好，告诉人们你的社会地位、个性、职业、收入、教养和品位、发展前途等。马克·吐温曾说过这么一句话：“服装建造一个人，不修边幅的人在社会上是没有影响力的。”

“金牌招聘官”和普通招聘官之间也存在着很大的区别。“金牌招聘官”火眼金睛，他们在看见应聘者的几秒之内就能根据他的服装、包包、鞋子、气质等判断出他所从事的职业、收入水平、性格特点等。一旦开始沟通，“金牌招聘官”可能只需十分钟左右的时间就能对应聘者的性格特征等形成初步判断，然后进行验证提问。

相由心生，一个人的真、善、恶、丑，是否干练、懒惰等全部都会体现在面容上，尽管一些人穿着名牌、戴着名表，但神态和神情是不能用化妆品掩盖的。人的经历都写在脸上，一个人是否真的有能力，他的外表非常能说明问题。

而普通招聘官对应聘者的判断可能还是停留在简历上，往往会被花言巧语所迷惑，还会被一些表面现象所蒙蔽。他们对应聘者的判断还停留在一些最基础的认识上，无法判断应聘者与岗位是否匹配、他们过往的经历如何、沟通能力怎样等。

举例 成功找到一位品牌总监

记得以前给一家公司找品牌总监。当那位女士迈着自信、干练的脚步向我走来时，我就感觉她就是我期待中的人选。她身上散发着某种精神，被她端庄的外表衬托得越发迷人——只有一个素质高、自信、勤奋的人才具有这样的光芒。在和她沟通了半个多小时后我就把她推荐给了老板。事实证明我是对的，她没有让我失望，在日后的工作中表现得非常出色。这个竞争激烈的位置就这样，因为一个迷人的"第一印象"落到了这位女士手中。

尽管有时候"第一印象"并不完全正确，但是正如这句话说的："先入为主"，"第一印象"如同在一张白纸上用墨笔写字，一旦写下来就很难再抹去。不管人们是否接受，"第一印象"总会在人们以后的决策中起到至关重要的作用。与人初次相识，穿着要整齐、得体，因为你的外表代表了你、代表了你公司的形象，这首先是对自己尊重，然后才是对别人的尊重。形象意味着一切。

"金牌招聘官"阅人无数，通过和应聘者长期的沟通、交流，早已经练就了一双慧眼，可以透过外表所呈现的形象挖掘出应聘者自身的品位，而对自我形象的管理是一种自律的表现。

第六节 | 良好的表达能力和判断力

表达能力强的人，会给人专业的感觉。一些演讲能力强的人都是具有良好表达能力的人，他们能清晰地表达自己的观点、陈述自己的想法。一名合格的招聘官需要经常和应聘者沟通，尤其在与一些优秀的应聘者沟通时，需要较宽的知识面，要对历史、人文、经济、政治、心理学等都有所了解。这样，当你在和这些优秀人才沟通时，才会让他们尊敬你，并获得他们的信赖。

良好的表达能力也是领导力的核心，所有的事项、决策、意思都要由一个清晰的表达能力作为传播通道。能通过言语清晰完整地表达自己的思想，把复杂晦涩的事情简明扼要地表达出来，便于加强他人对事物的理解，而且在表达的过程中，也能加深自己对事物的理解。良好的表达能力也能为一个人吸引观众，我常能看见站在舞台上做演讲的HR铿锵有力、激情澎湃地表达他们的观点。此时，我感到我们之间的距离一下子被拉近了，具有出色的表达能力的人，会让我相信他所表达的东西，并被深深吸引。

良好的表达能力还能起到说服他人的作用，并借此展现他们的价值观和行为方式。公司的“一把手”和一些企业家通常妙语连珠，并且具有“洗脑”的能力。他们在开会或演讲中慷慨激昂地讲述公司的愿景或战略时，员工都会受到他们饱满激情的影响，思维方式也会随之改变。

判断力是一种综合能力，表现在如下几个方面：1.感知能力；2.记忆；3.思想；4.警觉；5.演绎；6.预知；7.推理；8.判断。它体现了一个人各种环境中形成的、习惯性的常识判断。就像我在本章第五节中提到的，好的招聘官能很快从一个人的言谈举止中捕捉到应聘者的性格特征、品位和身份。当然，这种判断都是“冰山一角”，要想做到全面的、相对公平的判断，还需要我们运用面试、测评和背景调查等工具。

GUIDE YOU TO BE A GOLDEN RECRUITER

第二章 引导和培养老板的用人观

本章导读

本章讲述了成熟型企业和扩张型企业的区别，举例说明了盲目招聘可能给公司造成的损失，阐述了如何让企业内部帮助老板制定招聘需求、招聘分析及考查指标，又通过两个案例讲明了招聘需求的重要性和人才地图的做法及其重要性。以及在快速发展的企业里如何帮助老板给企业衍生职位等。

如何引导不同风格的老板？老板的性格、管理风格和对人的把握、老板的“三观”等都要摸透。例如，我曾经所在的一家公司的老板对城市、地域有偏见，还有一些老板对一些大学有要求等，这些或多或少与他们自己的成长环境、教育和工作经历相关。

第一节 | 帮助老板制定招聘需求

成熟型企业和扩张型企业最大的区别在于，成熟型企业用系统性思维思考问题，按流程和体系及制度运营。成熟型企业用一套完善的人力资源体系来操作，每年年底会盘点人员情况，针对人员的特点制订招聘、培训计划等；每年年初，人力资源部都会根据业务发展情况制定人员编制，编写职位描述，盘点哪些职位需要新增、哪些职位需要找替补；然后梳理职位，再对其进行精准的人才画像、做职位分析、选择招聘渠道、严格按照编制去招聘人才等。

扩张型企业则相反，其最大的特点就是喜欢盲目扩张规模，随之快速加大招募力量。很多时候，人力资源部门还没来得及了解业务部门的需求，就被老板下指示启动招聘了——比如：某家上市集团的董事长需要在一年之内招到2万多人。业务扩张迅速，容不得思考，老板强势，人力资源部门老大不得不快速进入“招聘模式”。由于事先没有做人员预测、规划和招聘分析，只是为了完成招聘目标而招聘，造成进人盲目，人员与岗位需求出现巨大偏差，员工的价值创造近乎零。这种招聘不仅会使人员成本急剧增加，而且极其容易产生员工大批量离职的问题，严重拖慢公司业务推进速度，对于公司在社会上的品牌与美誉度也会产生极为严重的负面影响，公司显性和隐性的损失难以弥补。

“金牌招聘官”要敢于对老板作出的不正确决策说“No”，而不是唯命是从。

在我负责中高端职位招聘的职业经历中，还发现一个有趣的现象，就是企业总是难以找到合适的人选，发现找人难；可是外面也有大量的人才找不到工作。部分原因可能的确是某些中高端人才确实“稀缺”，但大多数人才的“稀缺”都是由于老板对中高端人才需求的不确定性或是对这些人才的“完美”偏好造成的；老板们往往愿意招聘市场上的“牛人”，把他们快速引入公司，结果工作了一段时间后发现“牛人”在该公司根本就“水土不服”，很可能工作了一年没有产生任何效益，这些之前顶着光环进入公司的人最终黯然离开。其实对这些“牛人”来说，没有做出业绩并不都是他们自身的原因，多半是企业的原因，比如：这些企业可能自身的公司战略就不清晰、组织的人员架构也不清晰；更有一些公司，自身没有核心产品，“巧妇难为无米之炊”，使得不少高管在这样的公司工作了一两年后不得不离开；由于应聘职位的“位高权重”，老板对其的要求也在提高，总希望个个都是“全才”、都是“精英”。这种思维带来的结果是难以发现“精英”，要么是想用“精英”的企业支付不起昂贵的“成本”，导致人才到不了位，市场的机遇或许也随之消失；更有一些企业在找人时就是冲着“完美”型的人才去的。

如果老板对职位需求的界定不清晰，就非常容易导致企业找不到合适的人，或找到的人貌似很合适但到岗后会发现缺陷和不足。

举例 盲目招聘给公司造成损失的例子

2017年年中，E公司进行了大规模的招聘，从省公司负责人到国内销售负责人，从海外公司销售总监到区域CEO，从产品总裁到研发总裁等，全员招聘，还设置了内部推荐、奖励机制等。招来的人有些在知名公司里销售业绩出类拔萃，并能持续保持优秀业绩。但这些人在陆续到岗后，发现他们“水土不服”。由于公司自身战略不清晰——战略总是在调整和变化之中；技术不成熟；属于市场推广阶段的产品却要求销售做出业绩；考核指标项设置不合理，目标值偏高，脱离企业产品在市场上的实际竞争力。如此种种，造成绝大部分销售人员半年之内没有什么业绩产出。结果，非但业务没有发展，还造成了对人力成本的极大浪费，让现金流本来就不充裕的E公司更加捉襟见肘，甚至伤及企业发展的根基。

第二节 | 确定招聘需求、分析及考察指标

竞争是现代市场经济的本质体现，如何保证企业在瞬息万变、竞争激烈的市场中取得胜利？只有不断招聘符合企业发展战略目标和岗位胜任素质要求的高层管理优秀人才才能立于不败之地。

一、招聘需求的确定

通常，企业对中高端职位的招聘要求会从动机、价值观、个人基本能力、既往工作经验和业绩等方面进行比较详细的描述，但是这些都忽略了对团队或组织环境及公司所处阶段的分析，更多的还是基于单一体完成某项工作的完美的需求。企业在不同的阶段，给出的岗位关键胜任能力需求也一定不同。如果企业在初创期，它看重的一定是开拓市场、带兵打仗的能力；如果企业在成熟期，那么它一定期待一批具有管理和赋能能力的人，他们能把自己的管理方法复制给团队，打造出一批精兵强将，建立一套完整的流程和体系；如果企业处于变革期，那么就需要招聘一些有创新意识、不拘一格的人，能带领企业在变革中迅速发展。

二、对外合作部CEO案例

在我所经历的两家大型控股集团，最大的不变就是变——招聘需求变化非常快，一些职位如果在两周内没有招上人来，公司就会调整需求；组织架构也变化得非常快，一些重要职位在搜寻中也会不断地调整。

我举一个2017年E公司寻找对外合作部CEO的例子。最初我们希望找有政府背景和资源的人，结果搜寻了一段时间后，我们发现，这个人还要懂得把金融政策产业化落地。因此我们又转变思路去找那些了解投融资的人，认为吸引到投资就是我们的需求点了。但在寻觅的过程中我们发现，懂投融资的人用的是金融圈的玩法，所以我们的招聘需求又变了，变成需要既有政府资源又懂投融资，还可以申报项目拿地的人。

经过一系列的转变和不断试错，我们发现所谓的对外合作部CEO，它最开始的定位就是签产业园合作、谈政府项目的，因此该人选并不一定要有政府资源，因为政府的钱并不是随便给的，我们应该找既懂得政府项目运作，又了解资本运作的人。

三、对外合作部CEO案例分析

通过对外合作部CEO的这个例子，我们得出来这样一个结论：企业在制定高端职位需求时，一定要清晰准确地或相对清晰地定义出这一职位的职责是什么。因为我们就是从“知识”“技能”“经验”“能力”“动机”“价值观”这六个维度去考查人才的。对上述信息加以汇总，就能形成任职资格要求。在这个过程中要考虑很多问题，比如：设立该岗位的目的是什么？岗位的关键产出是什么？

岗位对人的行为要求是什么？在这些要求中，哪些是针对人的，哪些又是针对事的？该岗位的工作节奏是否较快？岗位在公司里处于组织架构中的哪一个层级？候选人所在团队现有人员的构成是怎样的？该人选是否和目前团队的人员相匹配？该人选是否认同企业的价值观？哪些竞争对手是公司的对标企业？等等。

招聘部门在接到招聘任务后要第一时间和业务部门沟通、探讨，明确岗位需求、深入了解招聘需求，进行精确的人才画像，做出人才地图，列出目标，然后展开搜寻，定向挖掘对标人选。

第三节 | 人才地图的解析和落地技巧

人才地图即人才分布的地图，是针对一些特殊岗位或一些特殊人才，对候选人的分布情况进行收集和分析的过程，一般在咨询公司或者猎头公司中被广泛使用，现在有越来越多的企业也在尝试用这种方式来寻人了。它最大的好处是能把企业所需要了解的行业内的人员情况和架构摸清楚，有的放矢地了解到目标人选目前的职业信息。

一、给人才地图分类的两种方式

人才地图的分类方式有两种：一是按目标公司和行业，也就是绘制人才地图时要按照不同的公司和行业来划分。有时，研究对象不是目标公司的全部岗位，而是市场上所关注的热点岗位，也是招聘中存在困难的岗位，甚至是招不到人的一些岗位。比如：研发、技术、工程师等专业性较强的岗位。二是按目标候选人的“画像”。根据“画像”，我们需要在候选人那里得到职位、职责、部门架构、组织架构、所在团队的规模及薪酬等信息。按照目标岗位来划分，要收集这一类目标岗位人才群体在中国的规模、地理分布、人员的资历和背景、工作职责和绩效状况、薪酬水平、跳槽意愿等。

目标行业信息可以通过专业报告、媒体报告等来获得，目标公司的信息可以通过公司官方网站、媒体报告、行业、微信公众号及猎头等来获得，目标人选的信息可以通过猎头推荐、熟人介绍、员工推荐、招聘网站、社交平台及企业内部网站来获得。

收集这些信息后，还需要一个总结分析的过程，提取对招聘有用的信息，帮助企业尽快找到合适的人选。

通常，企业都会请专业的猎头来做人才地图，专业的人做专业的事情，猎头也会有充裕的时间把企业想要了解的情况摸透。猎头公司会收取一定的费用，如果您的招聘团队足够大，也可以选出一些组来专门做人才地图，缺点是会花费比较多的时间和精力。

二、人才地图的解析和落地案例

2018年上半年，我给E公司招聘一位首席客服官。当时，我协助HRVP做了一个首席客服官的定向招聘方案。在2018年1月5日的全球客服总部工作会议上，董事长提出要以某通讯公司（W公司）、某家电公司（H公司）和某制造业（S公司）为目标，定向招聘首席客户服务官。我们当时采取了“三加二”的方式，即根据董事长的要求对这三家企业的客户服务体系及相关人员进行调研，另外再增加两家企业作为备选。对这几家公司进行调研后，拟订本方案，此处只拿W公司和H公司举例子。

三、人才地图分析范例

1. W公司

（1）客户服务模式

该公司的服务体系为双线汇报的矩阵式管理模式，且销售负责人分管售后服务工作。分为地区部、总部技术支持中心和研发中心三级。从业务维度上划分为三个业务线，分别是运营商BG、企业网BG、消费者BG；从地域上，服务业务配合销售业务的整体布局，全球分为中国、欧美、拉美等八个片区。三条业务线依托该公司在全球的行政平台各自进行相对独立的运作。

W公司提供全球化三级技术支持两个GTAC（全球技术支持中心）和十三个本地TAC。建立了全球四级备件供应支撑体系，同时，建立了九大区域备件运作中心。W公司全球服务为了快速响应客户，还建立了一套全球集中式的服务受理平台。

（2）客户服务组织架构及关键人员

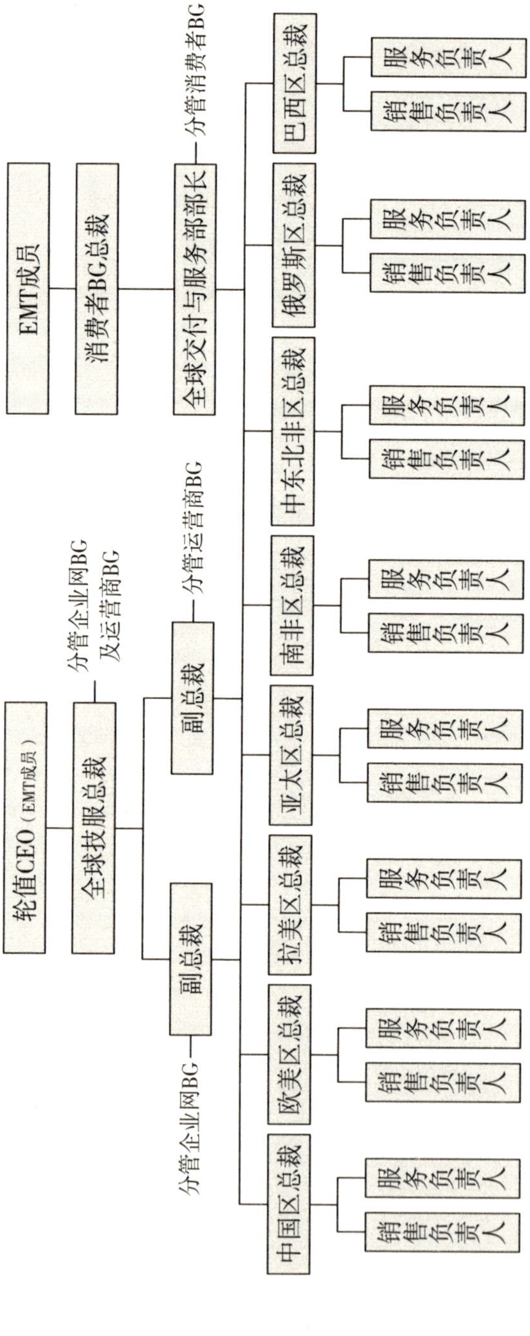

图2-1　W公司客户服务组织架构及关键人员

（3）W公司的目标人选

表2-1　W公司目标人选

序号	姓名	现职务	主要经历	备注
1	×××	中国区常务副总裁	2001年毕业后加入W公司，始终从事销售工作，仅在2016年10月到2017年4月担任全球服务总裁，40岁左右	无接触
2	×××	全球技术服务总裁	2017年4月后接任全球技术服务总裁	无接触
3	×××	全球技术服务副总裁	分管企业网技术服务工作	有接触，没有意向
4	×××	全球技术服务部副总裁	2007年加入W公司，运营商BG副总裁，M国人，53岁	有意向
5	×××	消费者BG全球服务总裁	女性，W公司的终端全球交付与服务部部长，40岁左右	无接触

对比表，我们作了备注：

· 以上人员入职W公司的时间均在10年以上；

· 经了解，×××的职级应该在第22至23级，由此推断，其余人员的职级应在第24至25级，属于W公司的高层管理人员；

· 年度收入由工资、奖金、股票构成，全年收入基本在千万元以上。

2. H公司

（1）H公司基本情况

H公司是全球大型家电品牌，目前已从传统家电制造企业转型为面向全社会的创客孵化平台。

（2）H公司的客户服务组织架构及关键人员

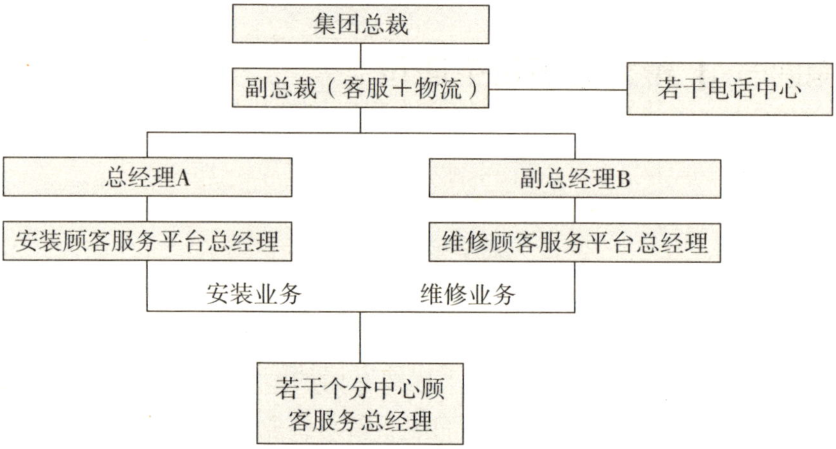

图2-2　H公司的客户服务组织架构及关键人员

（3）H公司的目标人选

表2-2　H公司目标人选

序号	姓名	职位	主要经历	备注
1	×××	集团副总裁	入职20多年的“老人”，曾任H公司集团总部顾客服务部长，后提升为集团副总裁，现主管物流和客服业务	无接触
2	×××	子公司总经理	原H集团顾客服务部总经理，×××的下属，H公司客服体系建立的实际操作者和搭建者，40多岁，老H人	无接触
3	×××	H电器总经理（主管维修服务）	原洗衣机部顾客服务部长，现任H电器（主管维修服务）副总经理	无接触
4	×××	安装服务平台总经理	×××下属，原H顾客服务部副部长，现任安装服务平台总经理	无接触
5	×××	维修服务平台总经理	×××下属，负责维修服务业务	无接触

通过对目标公司组织架构和目标人选的详细分析，最终我们从H公司找到了首席客服官的人选，至今仍在E公司工作。

第四节 | 帮助老板衍生职位

不确定的时代有很多不确定的因素。如今，企业的发展瞬息万变，尤其是处于快速发展期的民企，这无疑提高了对“金牌招聘官”的要求。他们需要参与到业务中去，对董事长的要求、公司的战略及对组织的发展阶段有清晰的了解，从而为企业物色优秀人才。

大家都知道，互联网公司的经营模式就是“快”。公司每天都会产生新的业态，新业态的出现势必导致产生新的职位，职位迭代的速度也很快。而岗位变化的趋势越快，对招聘官的要求就越高，他需要快速判断公司需要什么样的人，并快速给公司衍生出新的职位来，又或许新的职位马上就会过时，需要立即调整业务，产生新的招聘需求。“快”的公司打的就是时间差，拼的就是人才战。此外，招聘官还要从公司运营成本的角度来考虑问题，包括直接、间接的招聘成本，如果之前的人去了新岗位，旧的岗位就需要快速补充。

一、一家独角兽企业的职位衍生案例

某互联网公司是一家独角兽企业，成立已经有5年的时间了，目前仍在拼命扩张中，他们在给候选人准备定位时会遇到以下一些情况：

1. 由于独角兽企业的很多岗位在市场中是没有先例的，他们只能根据业务需求形成一个简单的岗位描述。但这些岗位描述相对粗糙，因此他们注重招聘那些具有与他们企业价值观相似价值观的人选，会简单勾勒出一个基本背景的画像。但是在和各部门负责人或业内“大咖”面谈时，又可能会产生一些新的想法。比如本来是要和人选沟通A职位的，结果发现该人选更合适之前的B职位。

2. 该公司的职位迭代也很迅速，有时候一个新业务的出现会带来十几个新职位，但公司完全没有办法给出详细的职位描述。因此产生了很多候选人在与各部门负责人沟通碰撞一些想法后，产生一个新职位的情况。在这个时候，有一位懂业务的招聘官就显得尤其重要了，因为他知道如何配合部门负责人把合适的人放到合适的位置上。

除此之外，我再举一个在传统行业里衍生新职位的例子。

二、传统行业的职位衍生案例

我拿曾经工作过的E公司举例。它曾经疯狂地招聘财经类人才，其中招来了不少供应链金融的人选。但这些人选都属于“在前方打仗的人”。当然他们也会分不同的业务条线来给公司做授信、融资等业务。在和一位人选的面试中，我发现他适合做供应链金融平台：鉴于他本人熟悉供应链金融的业务，也有银行背景和丰富的资源，有平台就会有其他金融机构给平台授信，不会占用E公司主体在银行的授信；而且金融机构也有好的用户体验，风控和获客都能帮着做，还能增加E公司资产的能力，对3A的申请也有帮助。于是我决定帮他申请供应链中后台的管理职位，一方面，他能在平台上对接其他金融机构做授信；另一方面，他也能管理整个供应链金融的人，在供应链金融人才等都到岗的情况下，这样一个能做平台运营的人就显得至关重要了。我和HRVP沟通该人选的情况后，HRVP也认为我的建议合理，就把他的简历储备起来了，考虑让该人选进入E公司。

未来，职业的创造性属性增强。公司不会再像以前那样在年底前一成不变地把各部门编制和职位描述清晰、直接地写出来，而会随着公司业务的变化来调整人员编制和工作内容，民企甚至可能为某个人量身打造一个职位出来。此外，职业创造力的要求也越来越高，尤其是一些互联网企业。在未来，职业依然会不断自我革新，唯有持续创新才能降低未来职业的不稳定性和模糊性，创造性将成为未来职业价值的核心体现。

GUIDE YOU TO BE A GOLDEN RECRUITER

第三章 候选人的显性和隐性能力

本章导读

本章概述了职业经理人需要具备的最重要的三个核心素质：影响力、学习力和决策力，如情商vs.智商、经验vs.经历、学历vs.能力，以及如何依靠它们来了解候选人的显性、隐性能力。

第一节 | 职业经理人的素质

有关个人成功的最佳分析研究认为："被视为成功人士的高管人员要具备两个条件：第一，为组织实现出色绩效；第二，人际关系良好，尤其是同下属。"

据国外的一些报道，一名合格的职业经理人通常具有：

1.影响力

2.学习能力

3.团队合作能力

4.分析式思考能力

5.主动性

6.培养他人的能力

7.自信

8.决策力

9.领导团队和管理变革的能力

10.沟通能力

11.组织认知和关系建立的能力

但我个人认为，对职业经理来说，以上素质只有三项最为重要，即：

1.影响力

2.学习能力

3.决策力

无论企业还是个人，核心素质都不能超过这三项。首先最重要的就是第一项——影响力。因为企业家或经理人的核心工作就是组建团队、获取资源、开拓市场、传播自己的品牌等，而这一切都离不开影响力。你不能决定别人是否愿意与你合作，也不能决定客户是否愿意购买你的产品，不能决定团队是否愿意跟随你，更不能决定别人是否给你投资，等等，所有的事情都不是你能决定的。对别人的决策施加影响，当别人决定是否与你合作、是否投资你、跟随你时一定是看你是否有影响力，是否能“笼络人心”。具有影响力的人大多能带动大家跟随他，他能引领大家认同他的观点和行为意识。

其次是学习能力。在现代社会，知识的更新和迭代都很快速，要想不被淘汰，就必须拥有快速学习的能力。聪明被看成学习能力的一个重要因素，一个人在过往的成长经历中，是否有对变化多样的环境作出快速反应的能力、是否具备快速感知事情或行业背后最本质的问题的能力很重要。职业经理人作为企业的关键人才，必须能够随时根据环境的变化进行战略、用人等方面的调整，要具有创新思维、了解行业的前沿知识。

最后是决策力。认知的本质就是作决定，人和人一旦产生认知差别，就会做出完全不一样的决定，而这些决定就造成了人与人之间的差距。此时，你拥有的资源、团队都显得并不重要了，重要的是你要做到脑中有地图、眼中有目标、心中有数据，这就是你的认知能力。一个领导者的本质就是要有正确的决策能力。有一句话叫作，“一将无能，累死三军”，“执行难”的本质就是没有作出正确的决定。

第二节 | 情商vs. 智商

可以说，大多数人的智商（IQ）区别不是特别大，伟大的爱因斯坦离世后，科学家分析他的大脑得出的结论是："如此聪明的科学家，他的大脑的开发利用率也才只有百分之一。"由此可见，除了这些比较突出的人才，我们大部分人的智商相差并不大。哈佛大学临床心理学和性格发展博士丹尼·戈尔曼（Daniel. Goleman）曾写过一本叫作《情商》的书，他把情商（EQ）定义为"智慧地使用个人的情绪"，他认为，对于人的成功而言，情商，或者说情绪能力，"比智商更重要"。智商是用以表示智力水平的工具，也是测量智力水平常用的方法，智商的高低反映的是智力水平的高低；而情商是表示认识、控制和调节自身情感的能力。情商对人的成功起着比智商更加重要的作用，如果智商是天赋的，那么情商就是控制天赋的发生，情商更能决定一个人的发展。

记得我曾经的一位领导在一次会议上就提到过，招聘高管他不看名校的，学校里的前十名和后十名他都不要，他只要中间的。他认为，前十名的人读书比较死板，不灵活，中间这一层的则是智商和情商兼具的人才。综观中国商界，不乏没有名校光环"加持"的人成为商业领域的佼佼者的例子，如国美电器的总裁黄光裕，还有天津天士力集团的总裁闫习军，还有大家都耳熟能详的商界巨子——李嘉诚，他的情商非常高，懂得让利，懂得放弃一些利益来赢得更多人的尊重和信任。这些人的学历都不高，却凭个人的毅力和能力开创出了一番事业，取得了常人难以企及的成功，这些成功很大程度上应归功于他们的情商。情商包括个人的组织能力、协调能力、沟通能力及人际交往能力等，是一种全方位的能力。

反观社会上，不少有名校光环“加持”的学生却像未断奶的孩子，还需要父母陪读，衣食住行都成问题。他们的智力水平很高、解题能力很强，但是在为人处世上，有些高智商的人却令我们大跌眼镜。笔者就曾接触过两位名校毕业的博士，名声很响亮。但是在实际工作中，他们的表现却不尽如人意，A是每进入一家公司，在半年内还不错，但半年后，大家就会发现他格局小、妒忌心强、“不待见”比他强的人，而且极容易膨胀，当他做到高管时，眼里就容不下别人了，处处攀比、目中无人，最后不得不被迫离开公司；B是在一家公司里养尊处优惯了，连续工作了十年，早已失去了以往的进取心，当他所在的公司出现状况、他想换工作时才发现，自己已经很难胜任新公司的要求了，屡战屡败，而且他从事的又是技术方面的工作，人际交往和沟通方面的能力也不足，很难成大器。

进化论告诉我们，“适者生存”，情商能让我们更好地适应环境和社会，智商有助于构建我们的知识体系，但真正在现实中取得不错成就的，却还是以情商高的人居多。因此在当今社会，有时候情商比智商更重要。

第三节 | 经验vs. 经历

经历不等于经验，你也许从事过许多行业、做过很多项目、教过很多学生，但如果不能从事务的本质里学到东西，不会思考，不会举一反三，那就根本谈不上什么经验。经验来自实践，是从实践里学到东西然后结合理论再运用到实践中去，它是需要思考的，思考后产生了想法才叫经验。经验是思维的产物，而只有思维能改变人的想法。很多人在一家公司连续工作十年甚至二十年，但如果他的思维和观念没有发生改变，就没有什么经验可谈，对于这样的人来说，他并没有十年或二十年的工作经验，他只是把同样一份工作做了十年、二十年，就是一段工作经历而已。

有这样一个有趣的故事：一位美国商人在一家公司里工作了十五年，从未被提升过。后来，公司里来了一位年轻人，仅仅工作了两年就被提升了。这位商人很不高兴，去找经理质问："我干这份工作有十六年的经验，为什么这新手刚来一年却爬到我头上去了？"经理说："我很抱歉，您并没有十六年的经验，您只有一年的经验，只不过您把它用了十五次而已。"可见经验与年龄也没有任何关系。比如现在的年轻人很反感听年长的人倚老卖老的话："我吃的盐比你吃的饭多""走过的桥比你走的路都多"等。

以上种种只能表明你经历的事情比较多，并不代表你的经验多、经验丰富，这完全不是一回事。

正如网络流行语所说的："死于28岁，葬于82岁。"一些人虽然活到了80岁，但他在20岁时就已经"死"了，后面的几十年只是在不断地重复日常事务而已。相反，有一些人年龄已经到了70岁、80岁，但由于他们有一颗年轻的、充满活力的心，想让自己的人生过得绚丽多彩，他们就会在人生中不断地挑战自己，岁月带走的是时间，但并没有带走他们对新事物的渴望及对未来的憧憬。

万科创始人王石是令人钦佩的企业家——33岁开始创业、66岁退休，他在52岁时成功攀登珠峰，60岁时去了哈佛和剑桥求学，63岁居然练出了"人鱼线"，一生都在和自己较劲，不断地挑战自己，永远不满足、永远在探索……

因此，所谓经验，一定是在事务中找到新的方法，然后创新思维，从经历的事情中发现事务的本质，发现了它能给你带来的新的想法，并能够增长你的能力的东西。经验意味着创新，它是不断叠加的，而不是简单的重复。

第四节 | 学历vs. 能力

学历指的是一段学习的经历，而毕业则是学历的证明。能力是指在生活和工作中的能力，两者有关系但又不是绝对的关系。

有学历并不代表就有能力。有不少毕业于名校的学生，在工作中教条、死板、不灵活，他们被知识给绑定了，反倒束缚了手脚，工作能力平平；也有不少大学毕业生，在家里游手好闲、无所事事，成了“啃老一族”。我认识一位男士，毕业于某著名大学，毕业很长时间都不去工作，他凭着殷实的家底维持生活，手头拮据时就把之前家里收藏的一些艺术品当掉谋生。这样的生活维持了20多年，该卖的东西卖了，该当的也都当了，加上母亲去世，他迫不得已，不得不自己去开车拉活。这样的人有学历又如何？学历对于他们来说只是一个摆设而已。相反，社会上有不少只有高中学历，甚至只有初中学历的人，凭借自己的努力和勤奋，驰骋商界，甚至把公司做到上市，拥有上亿身家。

此外，生活城市的大小一定程度上也决定能力的高低。拥有同样智商的人，出身大城市和小城市也会有一些差异，在大城市里生活和工作的人，他们的视野相对宽阔，各方面的能力也容易得到培养与加强；但生活在小城市里的人即使考入大学，虽然他的分数很高，但在眼界和见识上，还是受限。

因此，学历高并不代表能力强，能力强的人并不一定学历高，要辩证地去看待学历和能力之间的关系，招聘官不能“唯学历”论。

GUIDE YOU TO
BE A GOLDEN
RECRUITER

第四章　慧眼识别属于你的简历

本章导读

本章介绍了辨别简历的一些方法和技巧，并展示了一些案例，同时告诉招聘官如何对付“面霸”机构、如何通过语言和表情识别虚假信息，并以案例解析了如何利用微表情识人。

第一节 | 甄别真假简历的技巧

时下，鉴别简历的真假已经成为招聘官的必备能力。那么，如何才能发现简历中的疑点、识别真假呢？

一份完整的简历通常包括如下内容：个人信息（年龄、性别）、个人概况、教育背景、工作经验（工作职责、工作业绩）、培训或项目经历、个人技能、特长、爱好等。

现在，有部分人为了得到自己想要的岗位，会根据岗位职责编造自己的简历。有些招聘人员的辨别能力一般，很容易就被“忽悠”过去了，而且还认为自己的判断力不错，不知道问题出在哪里。企业的发展既靠决策者，也靠执行者，而负责招聘的人员并不一定个个都有“慧眼”。

一、简历基本信息筛选

标准简历通常包括个人信息、个人概况、工作经历（工作时间、工作内容）、教育背景等几个部分。如何确认人选是否合适该职位，就需要对这些信息进行解读。

1.个人信息

包含姓名、性别、年龄、学历、家庭住址等，这里需要关注年龄和家庭住址这两条关键信息。

首先考虑年龄因素。将其与该人选大学毕业的时间和岗位所要求的经验对照，以鉴别学历和经验的真伪，一般情况下，人们不会虚报年龄，却会在学历和工作经历上造假。比如，在中国，通常是18岁高中毕业，本科四年学制，即22岁毕业，研究生是三年学制，即25岁毕业。另外，所处年龄段不同，对工作的诉求也有所不同，要据此判断候选人应聘动机的真实性。

本书主要针对的是中高层，年龄在35岁至55岁这个范围。35岁至45岁的人在选择工作时考虑的通常是发展平台问题，他们在意的是企业的平台以及个人在企业中的上升空间；45岁以上的人，一部分人希望有一份稳定、持久的工作，另一部分人则会在更大程度上期望个人多年的经验能够借助公司的平台产生更大的价值，本人有机会参与企业的决策。

其次考虑住址因素。如果候选人应聘的是跨区域（城市）的岗位，就需要将其年龄段与其家庭因素关联，标明简历中没有写清楚的地方，作为日后询问的准备。要分析其动机是什么。去到一个新的地方，家庭如何安顿；去到一个陌生城市，生活成本会增加、生活环境会发生变化；最重要的一点是，作为一名“空降兵”，他将如何融入公司和团队等。这些，将影响其进入企业后的工作状态。

家庭成员的常住地址虽然不能直接反映候选人的工作状态，但从长期来看，会对其稳定性以及工作的投入度产生潜在影响，是必须考虑的因素。

2.个人概况

个人概况是对候选人过往工作的一个总结和概括。通常，这部分的内容可以起到画龙点睛的作用。其内容包括总工作的时长、个人的优劣势、曾经的突出成绩等。如能对这部分内容进行精准的提炼和总结，就得有益于招聘官快速作出是否推荐其进入下一个环节的决定。一个优秀的招聘官会充分利用这部分信息来提高招聘效率。

3.工作经历

工作经历是简历的重点，也是评价基本能力的关键点，可以从以下几个方面来分析：

（1）工作时间

工作时间包括自毕业后累计参加工作的时间以及每段工作时间的长短、各段工作经历的衔接等。通常企业在任职资格里会写明要求工作时间的长短。一份工作从熟悉到上手，再到取得成绩，通常有效的时间为三年，如果候选人的某份工作，时间低于三年，那么这份经历往往不能完全成为简历的加分项。此外，招聘官要尤其关注候选人在工作时间的衔接上是否有较长的空档期（半年及以上），如果有，就需要着重关注其为什么会有这么长的空档期，可以在面试时了解其换工作的原因，再结合有关工作时间的情况进行询问，以支持对工作内容的判断。再有，需要关注候选人目前的工作状态，在职还是离职？如果是在职，就需要了解其找新工作的原因、挖掘动机；如果是离职，则要重点了解其离职的原因。离职时间的长短、当前在联系的公司行业及类型、对新的工作机会的诉求等，这些因素都是能够帮助招聘官判断候选人与岗位匹配程度的重要信息。

（2）工作内容

工作内容是判断候选人是否符合岗位要求的核心条件，需要考虑如下因素：所学专业和目前岗位是否相关、在目前岗位上的任职时间有多久、在该岗位上是否做出了一些成绩，再结合上述的工作时间原则和跳槽频率的情况考虑，如果其在目前的工作岗位上的任职时间不长但工作内容涉及得多而且深，就要考虑其中是否有水分、是否是根据企业的岗位描述“套”进去的（目前市面上有不少培训“面霸”的机构，他们会辅导面试者如何通过企业的面试，会帮忙修改简历等）。所以，招聘官一定要擦亮眼睛，在面试时重点询问。面试中高端人选时，还要关注他过往公司的背景。

4.教育背景

学历分全日制学历、成人教育学历，还有第一学历和后续学历，如果是后续学历，要看候选人是从什么时候开始续的，招聘官可以从中了解候选人的毅力和学习能力。

二、有关学历不详的案例

我曾经遇见过一位这样的候选人：1971年9月出生，简历里只出现了硕士学历，就读时间是2003年9月至2006年7月，毕业于中央党校，经济学硕士。通过沟通我了解到，他并没有读本科，而是在银行体系读的中专，从1994年起至1997年毕业。48岁，正常在国内受教育的时间是6岁或7岁开始读小学（有个别的可能5岁就开始读小学了，在此忽略），18岁高中毕业，大学四年、研究生三年（在国内读的研究生），22岁大学毕业，那么他应该是1994年高中毕业才对。候选人很明显想抹去他的原始学历——中专，直接写了最高学历——硕士。

三、需要招聘官记住的一些数字

招聘官要熟记几个数字：1.应聘者的出生年月日。2.学历上的数字：2000年之后高考扩招，可以在学信网上查到应聘者的学历、学位。3.大学的学习时间，本科四年、硕士两至三年（国内）。根据候选人的出生日期，招聘官要能很快反推出他读大学的年龄。要仔细看每段工作的连贯性，如果出现gap期，就要去有技巧地询问原因。

要学会看眼神，它会不经意间流露出主人的真实心态。一名合格的招聘官通过多年培养的职业感，在和候选人交流后就能很快判断出对方是否隐藏了些什么。很明显，“金牌招聘官”一定会发现一般招聘经理所看不见的东西。

第二节 | 教育背景和工作经验的谎言

那么，如何辨别一份简历是否存在作伪的情况呢？通常，以下几个方面容易出现作假：

一、学历作假

比如前面提到的这种情况：原始学历是中专或大专毕业，后来升的本科和研究生。这种情况，很多人会直接写成某年某月读的本科或研究生，只显示最高学历，而忽视原始学历，这就需要招聘官有一双“慧眼”了。

二、工作经验作假

对那些拥有二十多年工作经验的人来说，有些人会把在之前公司的工作经历拉长或隐藏起来。这时，如果招聘官发现候选人对原工作单位的描述过于夸张，而自己又确实不了解该公司，就需要多方查询这家企业的具体信息。比如，贵公司要物色一名CFO，那么招聘官一定要对目标所在公司的组织架构有所了解，要清楚地知道其在组织架构中的层级，如果目标只是其所在公司下属板块的CFO，那么显然他还达不到贵公司集团CFO的要求。

除此之外，招聘官还需要了解目标的汇报对象及带队规模等，这就需要招聘官用自己天然的“眼睛”去识别了。比如，我曾就职的一个公司是一个多元化、多业态的控股集团，我们在找CEO、HRVP等高端职位时，会首先看他近两年所服务过的公司规模是否上亿、公司有多少名员工、他的汇报对象是谁、带多大的团队等。如果从简历里了解到，其公司规模和人员不符合上述要求，就会直接淘汰，如果有拿不准的地方，我还会通过电话沟通来加强了解，如果不符合也会直接淘汰，不做进一步推荐。

第三节 | 工作时间的连贯性

这是企业考察候选人稳定性的因素之一。某些候选人可能会在简历中把某段职业的空档期归到某段工作经验中。

一、工作经验间断的时间

候选人为了向招聘官表达自己工作的稳定性，可能会将工作经验间断的时间也计算在总工作时间内，以得到面试的机会。

二、工作时间衔接前后矛盾

有的简历会出现这样的状况：同一时间在两家企业工作，或者一边在学校读书一边做全职工作。这样的简历造假比较低端，也是非常容易识破的一种情况。

三、笼统月份信息的简历

有一份简历是这样写的：2003年至2007年，某大学毕业；2008年至2010年，就职于某某有限公司。如果单从“年份”上看，一般人看不出有什么问题，但实际上这里的空隙是很大的：该候选人

2007年7月大学毕业，2008年就职，这中间其实就已经有一年的空档期了。

招聘官需要仔细查看这些简历上每份工作（项目）的起止时间，如果发现多项工作（项目）时间重叠或教育经历重叠及时间间断等异常情况，都需要重点关注。

第四节 | 工作职责、业绩与职位的夸大

这三项内容通常是候选人最喜欢夸大的地方，如工作半年就从普通职员晋升到经理，刚毕业就做到主管等，这都是很不合常理的情况。

例如：对方原来担任的只是一家大公司的普通人事专员，那么其日常工作就是一些人力资源例行公事的事务和一些人力资源执行方面的事务，像人力资源规划、薪酬绩效管理等重要决策是不可能让他独立承担和完成的，因此可以从中看出明显的夸大成分。

第五节 | 离职原因的含混不清

离职原因通常是候选人最忌讳的问题，很少会有人在简历里把离职的真实原因写出来，在离职原因一栏通常会写一些冠冕堂皇的原因，诸如合同到期不续签、父母（或爱人）身体不好需要照顾、爱人刚生了宝宝、孩子即将上大学或读初中需要陪伴、工作地方离家太远了……这里也不排除的确有些候选人就是因为上面提到的原因离职的，但大多数并不是真实的。此时就需要招聘官综合目标每段工作经历和与其交流的过程，从中推断出对方真实的离职原因。如果是明显与公司价值观不合的原因，则需要谨慎推荐。

举例 牵强的离职原因

我曾经遇到过这样一位候选人：其近三年工作跳槽有些频繁，可是他把这些都归咎于客观原因，而且一些原因比较牵强，不能自圆其说。该候选人最近的一段工作经验是从2017年某月至2018年某月在浙江省的某有限公司担任制造运营总监，仅仅九个月后便离职，说是因为爱人生宝宝，他要回天津陪伴爱人、照顾孩子了；他此前的工作是在浙江省某股份有限公司任副总经理。在去浙江工作之前，他一直都在天津市的一家500强企业工作。我问他为什么离职去浙江工作，他说是在原公司待得太久，加上天津人比较保守，想出去闯闯。但问题是，他在浙江工作了三年后又回到了天津那家500强企业，原因是“浙江太远不方便照顾家人”。但回来仅仅一年的时间就又返回浙江，去了另一家企业工作，而且只有九个月的时间。此时居然说是因为要陪伴爱人生产。上述原因逻辑混乱、前后矛盾，明显不能自圆其说，稍加分析就可得出此人的诚信有问题。

这些谎言都展现了候选人不诚信的一面，如果这样的人进了公司，那么极有可能给公司带来风险。所以在做初试时，招聘官就应该迅速识别出这些居心叵测的人，并停止推荐。

第六节 | 虚假信息识别

在面试的过程中，招聘官会从候选人的语言和面部表情细节中找到候选人与职位相匹配的信息，同时会通过这两条途径去识别和过滤虚假信息，判断信息的有效性。

一、答非所问——可能有隐情

一些候选人不正面回答招聘官的问题，答非所问，这表示该候选人对招聘官提出的问题有所隐瞒。候选人或许是想回避招聘官的问题，故意答非所问，又或许存在没有听清楚问题、没有理解问题等原因。此外，如候选人认为问题涉及个人隐私，通常也会采用回避的态度。

他们或者顾左右而言他，或者故意提起新的话题，将招聘官的注意力引开，这都是离题千里的表现。这些表面上看似无用的信息，反而是对方在有意隐瞒一些重要事情的表现。因此，招聘官在与候选人的交流中，一定要充分使用面试工具和方法，穷追不舍，直到将对方要隐瞒的事情了解清楚。

二、诉求细节——解释过多反倒不让人相信

假如有人问了你一连串的问题，你很可能已经记不太清楚这些事情的细节了。如果你是一个诚实的人，你会直接说你不太记得了，因为有一段时间了。但招聘官在与某些候选人沟通时，遇到过这样的情形：他问了候选人一连串的问题，问他近段时间都做了些什么事情，让他解释一下他曾经作出一个错误的决定的原因等，如果候选人能把细枝末节表达和解释得很清晰，就说明他的话里有谎言——“解释就是掩饰”，是有一定道理的。

三、吞吞吐吐——明显对自己的言辞没有信心

招聘官在面试候选人时，候选人通常都会回答得很有分寸，沟通也都很顺畅。但当问到具体的一些问题，如：“分享一个你引以为豪的事情”“分享一些成功案例的细节”等问题时，有的候选人会表现得吞吞吐吐、面部微红。这种情况，多半是他内心不自信的一种表现：他可能说了一些言不由衷的话，而那些成功的事情也多半不是由他一个人完成的，可能是由一个团队一起协同完成的，或者他们的一些所谓“成功”是杜撰出来的。

四、让对方多说话——坚持面试官多发问、少与候选人交流的原则

大家都知道“言多必失”，尤其是在问到一些关于候选人如何看待他的老板、他为什么离开公司等问题时，不妨让他们多表达，也可以问一些诸如：“可以谈谈自己过往的工作经历吗”“对于这件事

情你怎么看”“为什么会出现这样的事情……”的问题。问一些比较宽泛的问题，对问题的内容不要设限，给对方以充分自由发挥的余地，通过不断提问来掌握话语的主导权。

其实，面试高管就是一场博弈，谁主导了谈话，谁就能“套”出自己想要知道的内容。

第七节 | 解读细微表情

表情是人们心理活动的写照，透过表情我们可以窥探出一个人内心的秘密，凭着一个人的面部表情也能推测和判断一个人的性格。我们能从很多外向型性格的人的脸上发现“喜、怒、哀、乐”，他们高兴时眉飞色舞、手舞足蹈；伤心时则面容憔悴、眉头紧锁；愤怒时怒目而视、双眉挺立；惊讶时双眉上扬、瞠目结舌等。但对于一些城府比较深或偏内向的人来说，我们则很难从他们的面部表情读到这些信息。他们不愿意轻易让别人看出他们内心的想法，脸上流露出来的表情很可能会与内心的情绪相反。当人们谈笑风生时，他的脸上会露出笑容，但如果他并不感到好笑，我们往往可以发现他脸上有一种别样的表情急速掠过，或者目光游移。这种转瞬即逝的表情就是微表情，人在0.25秒内会现出真实的表情，就是这种下意识的、只能持续一瞬间的表情，却能随时跳出来揭穿真伪。

举例 利用微表情识人

我在面试时愿意看着对方的眼睛沟通，因为它不经意间就会流露出候选人的真实心态，这可能也是我多年来培养出来的职业感。

记得有一次我给一位资本运作负责人高管面试，客户需要有港股IPO经验的，而且是有成功主导IPO上市经验的，并且不能是并购，而是自己带着人完成上市的。我邀请了一位在投行做高管的候选人面试，这位高管的穿着还是比较讲究的：灰色西服，里面是一件白衬衣、一条深蓝色的领带，外观看上去还比较舒服。他的简历很亮眼，“精通资本运作：熟悉各种投行、产业基金、PE投资、PE基金、私募股权、上市公司市值管理、并购、重组、信托等业务，有广泛的上市工作经验，有IPO、借壳上市、非公开定向增发、组建母基金、创投基金等实战工作经验”。于是我问他主导过什么IPO？是港股、A股还是H股？当时是在什么情况下做的？后来成功落地了吗？大约用了多长时间？等等。在我问这一系列问题的过程中，一开始他还能镇定自若地回答我的问题，但是当我问他股票代码时，他的眼神飘忽不定、左右游移了一会儿，说时间有些久了，记得不太清楚了，而他这些细微的表情很快被我捕捉到了，我知道他在撒谎。随后我也只是敷衍地又问了他一些问题，然后结束了面试。

微表情的显著特征是动作“微”和消失“快”，我们只有加强和锻炼自己的观察能力，才能看得见微表情。

心理学家曾经说过：“当一个人接收信息时，会在1/4秒内从面部表情不经意地泄露出真实感受。例如：快乐、哀怨、愤怒、羞愧、厌恶等”，这就叫微表情。在TVB电视剧《读心神探》里，姚警长就是利用罪犯的面部微表情带领警员们破案的。

举例 福特公司总裁李·艾柯卡（Lee. lacocca）

熟悉掌握微表情心理学的人往往都是读心高手，而这样的人大多会成为管理高手。福特公司在公司初建、搭建团队时就曾招来不少优秀的人才，而当李·艾柯卡离开福特后，这些人纷纷放弃了福特公司优厚的待遇而选择跟随艾柯卡，直到后来艾柯卡创立克莱斯勒公司并获得成功。艾柯卡就是典型的读心高手，他在招募人才时，就可以精准分析人选的优劣势。他曾经说，自己成功的真正原因就是他懂得如何读懂别人的心思，能激发他们的潜能。

不过，这些微表情通常也会随着环境、人群的变化而变化，因此，我们在生活中除要积累一些常规的微表情外，也要善于观察，积累具有某个人特征的微表情。这样，日久天长，我们才能灵活运用微表情识人。

GUIDE YOU TO BE A GOLDEN RECRUITER

第五章 中高层管理者的面试技巧

本章导读

本章告诉招聘官如何用基于素质的行为面试法来识别候选人的一些特质，讲解了关键人才画像和岗位画像的做法和重要性，并同时告诉招聘官应从哪些素质项入手提问题，从而为企业找到合适人选。此外，本章还介绍了结构化、非结构化面试的方式，讲述了行为面试与情景面试的区别，如何运用结构化的STAR追问技术、如何根据不同的问题采取不同的方法提问、如何掌控面试过程及面试的注意事项等。

第一节 | 行为面试原理

行为面试法是在充分了解目标职位的基础上，对职位所需的素质能力进行清晰界定，然后再对面试者过去的经历进行探测、分析、归纳。使用这种面试方法，招聘官不仅要关注应聘者的行为，更要关注这种行为所能实现的目标。行为面试法的基本假设是：一个人过去的行为可以预测这个人将来的行为，也是预测其未来能否成功的最好依据。

通过对所收集的信息进行对比分析，可以发现优秀者普遍具备胜任者普遍缺乏的个人素质——资质，也就是我们经常说到的冰山模型中，水面以下的那部分。行为面试法可以使招聘官较全面、深入地了解候选人，从而取得传统面试方式难以达到的效果。

素质模型的行为面试技术

素质模型就是“区别高绩效与一般绩效的关键行为习惯描述”。素质能力比知识技能更能预测高绩效，而管理素质比管理动机、性格更具可操作性。

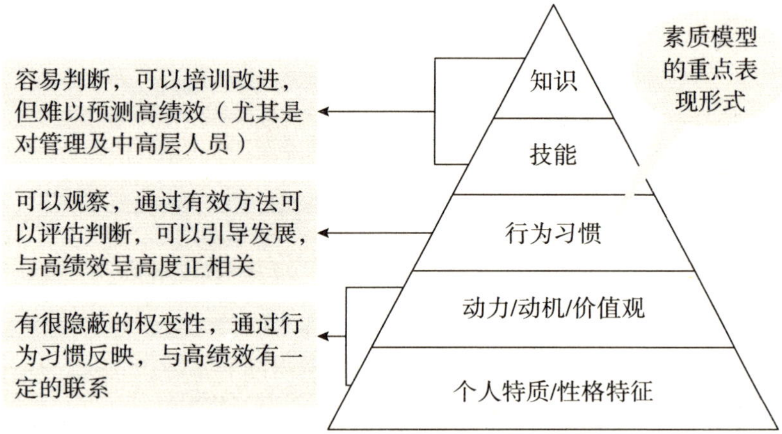

图5–1　素质模型图

其实这张图与我们耳熟能详的“冰山原理”非常类似，“海面”以上的部分包括知识、技能和行为习惯，以下的部分包括动力/动机/价值观、个人特质/性格特征等，这些往往是人们不容易被察觉到的特质。

通过该图我们可以看见已经发生和存在的、属于“海面”上的东西，如候选人的气质、穿衣风格、行为举止等能让我们判断出他所处的阶层，通过他的简历可以看出他所受的教育和培训；但“海面”下的东西，如是不是符合组织的需求、他过往的经验和经历，以及他的过往是什么样的人、做过什么样的事情就只能通过询问来了解了，至于他的个人特质与性格特征，除可以通过面谈了解，还可以配合相关的测评来了解。

优秀的素质能力是预测候选人是否能产出高绩效的关键考核点之一，也是人才画像的核心——人才画像通常都会包含显性和隐性的因素。对于面试经验丰富的招聘官来说，也可以借助测评来考核候选人的隐性因素，合理使用测评工具能够更好地对候选人过往的经验进行校验。

第二节 | 人才和岗位画像的重要性

苹果公司创始人史蒂夫·乔布斯（Steve. Jacobs）曾说："我花了半辈子时间才充分认识到人才的价值，过去我认为一名出色的人才能顶两名平庸的员工，现在我认为能顶50名。"现在，越来越多的企业家认识到人才的重要性，他们逐步感受到杰出人才为企业的业绩和利润所创造的价值。企业中的关键岗位都由关键人才担任，因为他们对企业的战略起着举足轻重的作用。

人才画像的重要性已经被大家所熟知与认同。在不同行业、企业的实践中，因战略需求、关注点和方法论各有不同，以及组织管理模式上的差异和企业所处阶段的不同及对岗位的需求不同，会产生差异化的人才画像。

人才画像都是针对公司的行业背景及岗位特点去构建和提炼的，然后再参照目标公司的相同岗位去生成人才画像；制作岗位画像时也需要清楚地拟定这个岗位所需的专业知识、技能、素质项目——行为、个性特质、性格特征等，再根据岗位的工作内容和岗位要求等生成一个岗位画像。

现实中，企业的高管就是一支有"魂"的团队的领军人物，他们决定着企业的起点和高度，因此，选择和管理好高管团队，对企业起着至关重要的作用。

通常，公司里会有五个关键的核心高管职位：首席执行官

（CEO）、首席人才官（CHO）、首席财务官（CFO）、首席营销官（CMO）和首席技术官（CTO）。笔者在X和E这两家控股集团工作时，都会先画出这几个职位的精准人才画像，再配合岗位描述，展开相关人才的搜寻，同时将其发给猎头供应商帮助一起搜寻。在做这些人才画像之前，首先需要考虑清楚自己的公司是属于什么行业，这个行业的这五个职位应分别从哪里挖掘；而后要考虑自己公司对这个职位的要求是什么、公司需要这些人选给公司解决什么样的问题、帮助公司做出什么样的业绩，等等。

以下通过对E公司的海外公司CEO人才画像的解构，讲讲人才画像的制作及其中的关键点。

一、人才画像的几个关键点

1.企业背景：一家清洁能源公司——E公司由于业务需要，要去海外，特别是“一带一路”沿线的国家开拓市场。

其海外战略布局分为战略国家和重点国家，战略国家有：英国、法国、埃及、沙特阿拉伯、泰国、印度、印度尼西亚、尼日利亚、南非、加拿大、美国和墨西哥；重点国家有：美国、德国、意大利、西班牙等。

2.业务层面遇到的难题：没有交付能力。

3.招聘什么岗位、入职后要解决什么问题：招聘海外公司CEO的职位，入职后需要为公司解决融资难和交付难的问题。

4.解决这些问题需要具备什么样的资源以及能力：需要该人选具有开拓海外市场的能力和坚韧不拔的毅力，还要具备拿单子的能力，了解目标国的经济和政策，有一定的资质和良好的人脉，有良好的融资资源和社会资源。

5.对这个岗位产生业绩的时间预期是多久：希望每半年出单。

6. 和这个业务相类似的对标企业。

二、岗位描述

1. 作为第一责任人，统筹所负责国家的整体工作，根据上市公司下达的年度经营目标，制订年度销售计划并在审批后执行。

2. 建立所负责国家的业务机构建设并进行全面管理，推进组织和团队建设，提升品牌，以实现所负责国家市场的可持续发展。

3. 带领团队建立销售网络，开发大客户、渠道战略合作者，实现年度销售目标。

4. 统筹协调合作合资方与总部财务、法务、知识产权、人力资源等部门以及上市公司各相关事业部，把控项目关键节点，督促行动计划，协调订单及物流管理，确保合同的落地与及时履行。

三、岗位要求

1. 具备八年以上全球化大型企业海外市场拓展及销售经验。

2. 对“一带一路”沿线国家的相关产业、资金政策有深入研究，熟悉目标国家的政治、经济、文化、宗教及产业知识。

3. 在与国际政府、金融资本机构及大型企业等沟通谈判方面有出色的能力及丰富的经验。

4. 熟悉目标国家主要职能部门的组织架构及工作流程。

5. 综合素质高，具有领导力、优秀的沟通表达能力及良好的专业宣讲能力。

6. 统招本科以上学历，理工科优先，精通中英文，目标国家小语种可作为工作语言者优先。

7.优秀的团队合作能力、耐挫力，能坚决完成任务。

8.在目标国家有两年及以上常驻工作经历者优先。

依据以上人才画像的关注点，再结合岗位描述和岗位要求，我们就可以画出一个比较清晰的人才画像了，通过对标分析，我们就知道需要找什么样的人了。

四、人才画像

1.工作经验：十年及以上MNC工作经验；5年至8年海外销售经验，其中，目标国家常驻经验及团队管理经验不低于两年。

2.战略国家：英国、法国、沙特阿拉伯、日本、泰国、印度、印度尼西亚、尼日利亚。

3.重点国家：美国、德国、意大利、西班牙、澳大利亚。

4.行为习惯：充满激情、沟通表达能力强、有坚韧不拔的毅力。

5.思维方式：客户价值思维、创新思维、设计思维。

6.资源和能力：开拓市场的能力强、融资的渠道多、拿单能力强。

7.情商：情商高、具有同理心。

8.学历：统招本科，名校最佳。

9.专业技能：理工科本科＋MBA者佳。

人才画像之所以重要是因为它可以给出清晰的候选人要求和大致背景，再对照岗位职责和要求，就缩小了人选的范围，招聘官初筛简历时就可以筛掉一些不合适的人选——招聘就是“按图索骥”的过程。

我们除了要了解人才画像对人的基本要求和背景之外，还要学会甄别人才画像的关键因素，如以上人才画像提到的“有5年至8年海外销售经验，其中，目标国家常驻经验及团队管理经验不低于两年”。

第三节 | 面试经典问题类别及实施技巧

提炼关键素质能力时，最好针对不同岗位所需要的素质能力标准，然后结合企业发展所处的阶段，构建相应的素质模型，并根据这些素质来提问。这样，那么得出的结果就具有有效性和客观性。

以下就是针对E公司的一些重要岗位设计的素质项和相关提问。岗位分为通用、金融、供应链、市场营销、财务、HR、管理、销售和研发，我们分别设计了这些岗位的素质项和问题，大家以后遇见类似候选人，可以从这些素质项出发，去考核他们。

表5-1 E公司九个岗位的关键素质及考核问题

岗 位	素质项	问 题
通用	客户至上	1. 请举例说明，在以往工作中，您是如何应对客户投诉的?
		2. 请举例说明，为满足客户需求，您是如何暂时让步赢得客户满意的?
		3. 请举例说明最感动客户的一件事情。
	责任心	1. 请举例说明您主动找出问题，并找出办法，解决问题的例子。
		2. 举例说明当遇到领导安排难度较大的工作，无人愿意负责时，您是如何处理的?

续表

岗 位	素质项	问 题
	执行力	1. 请描述一个由您主导完成的、有挑战的任务。
		2. 请描述一次由您主导的难度大、阻力大的项目圆满完成的经历。
		3. 请举例说明在以往的工作中，您是如何完成临时给您分派的紧急的任务的？
金融	金融政策分析	1. 基于您以往的工作经历，请举例说明您是如何做金融政策分析并成功为公司带来收益的。
		2. 在以往的工作中，如果别人不认同您对某项金融政策的分析，您是如何处理的？
		3. 举例说明在以往的工作中，您是怎么研究金融政策并运用在公司经营中的？
	资源整合	1. 请举实例说明，如果您是项目负责人，您会如何协调各项资源、确保项目顺利完成并落地？
		2. 在以往工作、调动资源的过程中，您遇到的最大阻力是什么？您是如何克服的？
		3. 请举例说明在过往的经历中，您是如何进行资源嫁接，实现甲乙双方利益的？
供应链	谈判能力	1. 请介绍一个您认为最艰难的合同谈判经历，并说明您是如何谈判成功的。
		2. 请说明在您过往的谈判经历中，为公司争取到的最大权益。
		3. 请描述一个由您主导并参与的、最成功的谈判案例。
	组织协调	1. 请举例说明您组织的一个印象最深的活动，并说明您发挥的作用。
		2. 在以往的工作中，如果您主导的项目得不到资源支持，您是怎么协调的？
		3. 在以往的工作中，您在跨部门合作的过程中遇到的最大阻力是什么，请举例说明。

续表

岗　位	素质项	问　题
市场营销	市场敏感度	1. 请举例说明您是如何将对市场的判断运用在工作中的。
		2. 请讲一个您提出的、应对市场发展变化趋势的行动计划。
		3. 请介绍一个您对市场判断最成功的案例。
	组织策划	1. 您做过的最成功的策划案例是什么？取得了怎样的效果？
		2. 在您组织策划过的市场活动中，您遇到过的最大阻力是什么？举例说明。
		3. 请介绍一个您临时接到的市场策划活动的任务，您是怎么处理的？
财务	数据敏感度	1. 请介绍一个在以往工作中，因为您对数据的判断有误而给公司带来决策性失误的案例。
		2. 请介绍一个由您发现数据问题，并对公司起到积极作用的案例。
		3. 请讲一个您将对数据的分析用在公司经营中，并赢得大家认可的案例。
	财务风险控制	1. 请举例说明，您对过往实际中遇到的财务漏洞是如何处理的？
		2. 在以往的财务工作中，您是怎么弥补因为风险控制没做到位而导致公司利益受损的事情的？
		3. 请举例说明在您控制财务风险的过程中用过的最有效的方法。
HR 人员	人际敏感度	1. 在上一家公司，您的上级、同事、下属是如何评价您的？您是如何评价他们的？
		2. 在以往的工作中，如果您的两位领导观点不一致，您如何协调两者之间的关系，确保任务完成？
		3. 在以往入职时，您是如何与大家迅速建立比较好的同事关系的？

续表

岗　位	素质项	问　题
	情感强度	1. 在以往的工作经历中，您是怎么对员工进行激励和惩罚的?
		2. 和您工作关系非常好的同事，工作中出现纰漏，您是如何对待和处理的?
		3. 在以往的工作中，因为工作需要伤害到与您关系很好的同事的利益，您是怎么处理的?
管理者	胸怀、格局	1. 在以往的工作经历中，当您的个人利益与公司利益出现不一致时，您是如何处理的?
		2. 请介绍一个在以往工作中，您的下属公开质疑 / 反对您的案例。
		3. 在以往的工作中，您是否聘用过比您能力强的人? 或者您是否曾把您的下属推荐到其他部门、而他的职位是与您平级的?
	培养他人	1. 在您离职的情况下，谁会接替您的岗位?
		2. 在过去一年中，您的下属是否有升职加薪，您做了哪些贡献?
		3. 在以往工作中，当您发现下属的不足时，您是怎么指正的?
销售	说服影响	1. 请举例说明，您是如何与您遇到过的最棘手（即将失去的）的大客户完成交易的?
		2. 在以往的工作沟通中，面对他人的质疑，您是如何有效说服其接受自己的观点的?
		3. 在说服客户的过程中，您用过的最有效的方法是什么? 请举例说明。
	客户需求挖掘	1. 请举例说明，面对一个需求不明确的客户，您是通过什么方式，最终成单的?
		2. 请介绍一个您让客户得到意外收获的案例。
		3. 在以往的工作中，为保持对客户需求的敏锐，您做了哪些努力?

续表

岗　位	素质项	问　题
研发	追求极致	1. 在以往的产品研发中，举一个他人比较满意的例子，而您自己又提了哪些想法，使产品更加完美？
		2. 请介绍一个通过反复否定、不断更新、持续迭代，使最终的产品让自己和客户都满意的实例。
		3. 请介绍一个由您主导的、失败的产品研发实例。
	创新突破	1. 请举一个由于您做了创新，而让产品超越竞争对手的实例，并请说明您做了哪些创新。
		2. 在以往的经历中，哪些产品是在您的不断努力下投放到市场上并取得良好收益的？具体的收益是什么？
		3. 请介绍一个因您尝试不同方法而导致产品研发停滞的案例。

第四节 | 结构化和非结构化面试

结构化面试是指面试的内容、形式、程序、评分标准及结果的合成与分析等构成要素均按统一制定的标准和要求进行的面试。它有明确的考察维度，严格按照次序依次提问，但这种方法的缺点是临场情景化程度低、比较呆板、不灵活。

非结构化面试就是没有既定的模式、框架和程序，招聘官可以“随意”向候选人提出问题，也没有固定答案及标准的面试形式。这种面试方式的缺点是没有明确的考核维度，也没有问题的提纲，完全依赖面试官的经验和主观判断。在非结构化面试中，经常遇到招聘官问：“你带团队的能力怎么样？”“你如果加入我们公司，会给我们带来什么样的变化？”等封闭性或带有假设性的问题。但在真实的现实生活中，招聘官会遇到一些“面霸”，他们对这些问题的回答往往超过他们实际的工作能力。这种封闭或带有假设性的问题对预测候选人在未来工作中的表现几乎没有任何作用，仅凭直觉和经验选人的非结构化面试的成功率是比较低的。

提升面试效果的最好方法就是提高面试的结构化程度，它是一种非常好的评估工具，对高管职位和复杂职位尤其重要。

结构化面试包括两种不同的问题：第一种是基于行为的问题，这类问题通常希望了解候选人做了什么事情、候选人是否具有新工作需要的能力特征；第二种是情景式的问题，通过这些问题，招聘官可以了解候选人在各种各样的与工作相关的情形下会采取什么措施。以下是我提问频率比较高的几个问题：您在该公司做过什么事情？怎么做的？做成过什么事情？加入我们公司后您将如何做？

行为问题侧重的是过往的案例、关注的是过去，情景问题关注的是未来、侧重的是潜能，比如问一位销售人员的问题："假如您加入我们公司，您将如何帮助销售部拓展业务，一年能产生多少利润？"行为和情景这两种问题各有优缺点，但我本人更喜欢基于行为的问题，因为这种问题能挖掘出更深层次的问题。这些问题应该关注行为，并且要通过引导式提问来挖掘候选人行为背后的一些特质，从而理解候选人的准确角色，了解他的工作曾经和可能带来的结果。

结构化的面试需要周密的计划和严格的实施。面试一名高管，我们通常建议将时间控制在1小时至2小时之间，低于1小时聊不透。因此，我们需要大量的时间准备问题，这些问题能帮助我们更好地确认候选人是否具有与我们职位相匹配的能力，也就是说在面试中我们要重点关注候选人过往的经验和行为。

结构化面试适合应用于成熟的岗位招聘，有章可循的面试安排对招聘官的要求相对低些。非结构化面试则比较灵活，需要招聘官有更高的面试技巧和能力，它的应用对象一般是非标准岗位和特殊岗位。

举例　行为事件法面试——某公司国内销售总经理

该人选拥有二十余年的营销与管理实战经验，历经某电器设备有限公司、ABB公司、某大型集团、某知名光伏有限公司等，精通市场开发与产品销售，拥有敏锐的洞察力和果断的行动力，尤其擅长大客户的开发与维护；客户资源广泛，特别是在电力、新能源以及热力、铁路等行业，同时了解各类客户的需求并能找到解决方案；管理经验丰富，善于沟通与合作，熟悉国企、民企及外企的经营管理机制，能熟练运用各种激励措施引导和培训销售人员，并实现团队业绩目标。无疑，以上经验和E公司国内销售总监的职位非常匹配（后来该职位更改成大客户总经理）。

以下是针对候选人简历，按照行为事件法面试的一些问题及当时候选人的回答概要：

Q：做大客户销售的要点是什么？

A：资源、能力和意愿。

Q：请分享一个成功或者失败的案例。

A：2006年某项目，通过对关键决策人的三次拜访，拿下了2000万元的合同。

Q：您认为该项目可行吗？觉得该项目大约多长时间能落地？

A：项目周期至少在一年半以上，因为销售从立项开始，需要半年左右时间，施工建设一年时间左右。

Q：您过往怎么做了这么多的事情？能解释一下这些变化吗？为什么？

A：近些年，国内市场一直处于波动中，是经济周期的原因造成的，毕竟发展都是波浪式前进的。

Q：您来到我们公司后打算如何做？

A：聚焦目标客户进行资源盘点、立足长远有序跟进，最核心的还是时间管理，效率是成功的前提。

以上示例体现了行为面试的方法，各个问题的提问由概括到具体，考查了候选人对问题把握的能力和对细节的了解程度，而对细节的了解程度恰恰是行为面试法的关键特征。

举例 情景式面试：某公司HRVP

A公司在招聘一位HRVP，该公司成立二十多年了，但很多的体系、流程、制度都还不完善，管理也很混乱，毫无章法；另外，团队的凝聚力也比较差。我们将种种情况在面谈中全部都向候选人坦露了，公司目前就是这样的一种现状，并根据现状设计了以下问题：

1. 如果您过来，打算如何开展工作？一年后您会给公司带来什么样的变化？

2. 您过来后会预计遇上哪些压力和阻力？您将如何克服？

3. 如果因为工作需要，伤害到一些部门负责人或与您关系不错的同事的利益时，您将如何处理？

4. 如果在一些事情上您和董事长的想法不一致，您会如何处理？

根据候选人的回答，可以发现候选人是否有解决问题的能力，同时也能了解他的情商，以及他是否与公司的文化和价值观相匹配。

一、“结构化理念”的三个层次

“结构化理念”的三个层次的提出目的是要通过提问结构化和追问结构化两种方式考核候选人过往所做事情的真实性并提高面试的可操作性，“结构化理念”的三个层次如下：

1. 提问结构化：根据素质模型设计的结构化提问能确保招聘官一定可以问到关键的素质项，降低进人风险。根据人选回答就能判断出来候选人过去做过什么事情，做成过什么事情，是否适合公司的职位了。

2.追问结构化：用STAR方式进行深度追问，以核查面试信息的真实度和表现优劣性。

基于STAR的深度追问

=把握正确清晰的用人标准+挖掘真实匹配的信息

=以素质模型发问+用STAR方式追问+结构化提问流程

原华为副总裁兼人力资源总监吴建国说过："STAR是一种结构化的行为面试法，经过反复锤炼，掌握这套技术之后，可以有效杜绝招聘中大部分的人为因素，让一般企业的人才识别率提升到60%以上。"

3.流程结构化：科学规范的面试、测评工具、背景调查及试用期考查流程，能做到高效分工协作，作出最优人才决策，大幅提升招聘的精准度。

二、"STAR"结构化追问的具体流程

1. Situation（情景）：首先，要了解应聘者从事过的工作（获得的工作业绩）所处的背景或环境。通过不断提问与工作业绩有关的背景问题，可以全面了解该候选人取得优秀业绩的前提，从而获知其所取得的业绩有多少与其个人有关，多少与市场的状况、行业的特点有关。

比如：候选人简历上写着，"因他个人的业绩创造了500万元的利润"，那么招聘官一定要问，"他"是如何做到的，而不是"他的团队"是如何做到的，在此，只需要考查他本人的行为。

2. Task（任务）：其次，要详细了解候选人为了完成业务工作，都有哪些工作任务，每项任务的具体内容是什么样的。通过这些，

招聘官可以了解候选人的工作经历和经验，从而确定他所从事的工作与获得的经验是否适合现在所空缺的职位。

3. Action（行动）：再次，要继续了解他为了完成这些任务所采取的行动，即了解他是如何完成工作的，都采取了哪些行动，他所采取的行动是如何帮助他完成工作的。通过这些，招聘官可以进一步了解他的工作方式、思维方式和行为方式。

4. Result（结果）：最后，再来关注结果。即每项任务的最后结果或产生的影响，是好还是不好，好是因为什么，不好又是因为什么。

这样，通过STAR式追问的四个步骤，一步步挖掘出候选人潜在的信息，为企业提供更好、更全面的决策参考，不仅能为企业招聘到合适的人才，同时也能帮助应聘者尽可能地展现自我、推销自我，达到双赢的效果。

第五节 | 行为面试与情景面试的区别

行为面试是以过去为导向的，而情景面试是以未来为导向的，行为面试假设“过去行为是未来行为的最好预测指标”（通过过去来看未来），人的认知和行为会存在很大的差异，通过应聘者对过去某种行为的追忆和表述，从而捕捉候选人的个性特征。

情景面试的基本原理是目标设置理论，假设“个体的意图和设想是未来行为的有效预测指标”（对候选人面试潜能的开发和判断），通过询问一些非显而易见的问题，来展示候选人背后的真实意图。情景面试侧重候选人的价值观、做事风格和方法，招聘官的意图只有招聘官自己知道。如果招聘官注重的是潜能型的人才，那么就应该多问一些关于未来的问题，多问一些假设性的问题。比如：“假如你入职我们公司的招聘中心，你预计每月完成多少职位？”如果招聘官希望找熟手，即来了就能干、上手快，那就多问候选人过往做成过什么，多问一些项目经验；还有一些候选人是作为储备人才招入公司的，公司希望培养他们，那就多问候选人有关潜能的问题即可。

行为事件问题有两个特征，一是可以引导求职者以具体实例回答，二是可以有效地收集判断依据。根据对候选人情况和行为模式的了解，招聘官可以准确预测候选人未来的表现，而且往往了解得越多，就可以越轻松地发现对方目前的强项和弱点。

假设性问题的提出能够有效地建立起招聘官与候选人的良好关系，还能验证候选人的价值观、职业目标等，并可以在某种程度上评估其解决技术问题的能力。但是，这种问题往往会得到笼统的回答，答案可能很模糊，甚至无法说明他的所作所为及取得的成绩。

一、行为事件问题与假设性问题

表5-2 行为事件问题与假设性问题

行为事件问题	假设性问题
（1）请举一个真实的例子，说明您曾经为自己设立的一个目标，并通过努力达成了这个目标。	（1）请举一个例子，说明在您供职的公司，如果您没有加入，哪些方面就不会取得很好的成绩。
（2）您是怎样被提升为销售总监的?	（2）如果B和C向你反馈的关于A的评价是相互矛盾的，您会怎么办?
（3）请举一例，说明您对某个问题进行了深入的分析、得出了正确的结论，并采取了有效的行动。	（3）十年之后，您希望做到什么职位?

我建议招聘官在面试的过程中，多问行为事件问题，少问假设性问题。

二、开放式问题与封闭式问题

表5-3　开放式问题与封闭式问题

开放式问题	封闭式问题
（1）请描述您是怎样分派任务的，并举例说明。	（1）您是怎样分派任务的？是分派给已经表现出有能力完成任务的人，还是分派给有兴趣完成该任务的人？或者是随机分配？
（2）您认为什么是生活中最大的激励？为什么这样说？	（2）您觉得人生中最大的激励是从金钱还是从工作中获得的？
（3）您如何评价您的前一任主管？请你举例说明。	（3）您的前任主管是一个严厉的人还是一个随和的人？
（4）您以前是怎样和您的团队进行沟通的？请举例说明。	（4）您的团队沟通能力好不好？
（5）您的中长期职业发展规划是怎样的？	（5）在您今后的职业生涯中，您会继续在这个领域工作还是会做一些别的事情？
（6）您以前的工作加班情况如何？	（6）我们加班比较多，您能接受吗？

显而易见，招聘官需要多问开放式问题，让候选人多说，以尽可能多地得到候选人的想法和观点，避免问封闭式问题。

第六节 | 针对特殊情境的行为进行提问

在面试过程中可以让候选人展现其过往最有成就感的经历和挫败感最强的经历，可以通过四个不同角度的提问来考查效果：

1. 最有成就的事情。请举例说明您在过往的职业生涯中，最有成就感的事情。

2. 失败感最强的事情。请举例说明您在过往的职业生涯中，挫败感最强的一段经历是什么？您是如何克服的？

3. 逆向情境。您是否在过往的职业生涯中有一件非常遗憾的、没有做好的事情，假如再重新做一次，您会如何做？

4. 极端情境。介绍一个在您与上司或同事间出现过的最激烈的冲突或意见不一致的案例。

通过候选人的回答，可以了解到候选人过往的经验和能力，既能了解他们过往的成就也能了解他们过往失败的经历，同时还能考查他们是否拥有从过往失败中吸取教训、更好地把握住未来的机会。通过以上这些问题，还能考核候选人的情商。

第七节 | 专业人士比评估方法更重要

招聘官是一个很有技术含量的工作，而不是做简单的一加一，不是任何人都能做。他们根据候选人的回答进行心理上的判断，这种判断来自他们对岗位的熟悉程度和对公司情况的了解，并结合了招聘官的工作背景、价值观及处理工作的方法，是一种价值判断。

一名优秀的招聘官，其价值观是与公司的价值观和企业文化高度吻合的，而他挑选出来的候选人也一定是适合该企业的。尤其是作为金牌招聘官，他的直觉可以帮助他判断候选人是否合适，而这种直觉就来自他长年的经验积累及对岗位需求透彻的领悟。他可以通过候选人的回答发现更深层次、更接近本质的东西，而这些面试方法只是工作上的简单辅助，这些辅助工具可以帮助他作出最终判断。

中高端招聘官一定要有与企业共同发展的经历，要有和企业磨合的时间，对于岗位要有很高的领悟能力，还要具备快速捕捉岗位关键信息等能力。作为金牌招聘官，最重要的一点就是人品和职业操守一定要好，所谓“物以类聚，人以群分”，一位正直、敬业、专业能力强的招聘官一定也能吸引同样的人加入公司，如果招聘官本人就投机取巧、阿谀奉承，那他招来的人往往也是相同的人，而这会给企业造成巨大的伤害。

人才招聘的专业性主要体现在对过往经验的总结上，并不是一个新人学完就能干的，所有招聘官都是边学边干、边干边学，这是一个不断总结、积累的过程，熟能生巧。知识可以复制，而经验无法超越。这就是为什么做人力资源，时间越久越“值钱”。

第八节 | 掌控面试的过程与技巧

主考官应当有宏观的驾驭能力，要善于把控其他考官和应聘者的情绪、善于控制考场上的一切变化。

在面试中，候选人滔滔不绝地谈论某话题，招聘官已经慢慢变成候选人，面试过程也变成了候选人的“真人秀”，面试变成了漫无边际的聊天，严重降低了工作效率。因此，招聘官必须主动打断候选人的话题，把话题转引到你想问的问题或你想考查的点上来，让候选人“讲我所需”。面试中，为保证效率和精准度，招聘官一定要通过提问题的方式引导候选人阐述。面试的主导者是面试官，面试官想要听的一定是他自己想要听的，而不是候选人希望告诉自己的。

“选择优秀。”我们需要的是“做得好”的人，而不仅仅是“做过”的人，“做过”的或许是失败者，而我们需要的是成功者。“关注行为。”我们要识别候选人能否“做到”，而不是能否“认识到”，越是对傲慢的候选人，越要多多地提问题。

一、考查候选人

我在应聘高端候选人时，通常首先会和候选人寒暄几句，做下热身，然后要求候选人花1分钟至2分钟的时间介绍一下自己——这其实也是在考验候选人是否能在短时间内清楚地介绍自己。我喜欢言简意赅且有情绪思路的人，如果候选人一说就停不下来，我就会立即打断他，让他简单、清晰地陈述。自信、语言精练在我看来是一名高管应该具备的基本特点之一。

随后，我会根据候选人的情况来问问题，这期间就会发现一些候选人答非所问，甚至和我问的问题都“不在一个频道上”，还有一些候选人只是着急忙慌地陈述自己的情况，而忽视了问题本身，对类似这样的候选人，我在心里其实已经将他们淘汰了。

二、识别候选人与职位的匹配度

应聘不同职位的候选人展露出来的沟通方式也不一样，管理和职能岗位上的候选人多数都有良好的语言组织能力、逻辑思维和表达能力，但搞技术、做研发的人才大多不擅言辞，比较“木讷”，明明做过不少成功的项目，却不知道如何展示出来，这就需要招聘官循循善诱，引导他们。当然，前提也是需要招聘官熟悉公司的情况，对技术、研发岗位有十分透彻的了解，否则就会因为他们的不善沟通而错失优秀人才。相反，从事市场、销售等相关职位的候选人则具有非常好的口才，且善于包装自己，在面试时往往滔滔不绝、眉飞色舞，这时，作为金牌招聘官，就需要学会打断他们，聚焦到自己想要考查的、候选人的素质行为问题上来。

三、避免和候选人发生冲突

在高管的面试中，招聘官为了考核候选人的抗压能力和意志，往往会在一定程度上制造与候选人的矛盾冲突，会问一些比较极端、刁钻的问题，但如果把握不好分寸，就会产生不好的影响。建议这种面试完成后，招聘官应该向候选人解释一下原因，避免不必要的误会。另外，招聘官习惯处在支配、权威的地位，但一定要避免对候选人个人隐私过度追问的情况。

例如，E公司的某招聘官在面试组件销售负责人时，居高临下地对待候选人，盲目地问了候选人一些带有挑衅性的问题，最终激怒了候选人，使面试成为冲突现场，两败俱伤。

在面试中，如果招聘官发现候选人脸上流露出不满的情绪，就应该立刻转换话题，缓和一下气氛。

四、面试中的注意事项

1. 招聘官应穿着职业装，尊重求职者，体现公司文化。

2. 使候选人感到轻松、自然。

3. 问问题有的放矢、直接明确。

4. 招聘官不轻易接电话、做与面试无关的事情。

5. 少说多听，但要控制面试进程。当候选人离题太远时，要及时打断并将对方引入话题中。

6. 面试过程中，招聘官要及时收集并记录重要信息，不对候选人“是否合适”进行任何评价。

GUIDE YOU TO BE A GOLDEN RECRUITER

第六章　如何善用背景调查

本章导读

本章用两种不同类型的背景调查案例说明了背景调查的作用和重要性，由此引出了背景调查的方法、渠道和核心问题等，并配合背景报告范例和一些实操工具范本，进一步说明背景调查只是一个工具——金无足赤、人无完人，如何用好背景调查才是最重要的。

如今，社会发展越来越快，人们对诚信也越来越关注和重视，比如去银行贷款买房、买车等都要看个人征信，征信度高的人，银行才能给予贷款。反观工作履历也是如此，企业要找有诚信的人，我想这也是目前背景调查比较热门的原因之一吧。

如今的市场鱼龙混杂，简历造假往往使用人单位蒙受巨大的损失。因此，企业招聘官再也不会光凭一份简历和面试就轻信候选人了。在正式录用之前，企业都会展开背景调查，会对候选人的教育背景、工作经历、人品等背景资料进行调查，为企业降低招聘风险。

第一节 | 背调的目的和作用

背景调查，英文是Background Investigation或者Reference Checking，中文简称“背调”。是指用人单位通过各种合理、合法的渠道，核实候选人提供信息真实性的过程。它的作用如下：

1.证实履历中的细节，获取候选人更全面的信息，核实其提供材料的真实性或澄清某些疑问。

2.多维度了解候选人的能力与素质情况，工作经历的核实一般是重中之重，企业要看看候选人过往的经历是否有虚假成分。

3.规避法律风险，确保合法用工，减少用人风险，一旦发现候选人有问题，企业可以立即终止录用。

举例 一个通过正常流程做背景调查的案例

我曾经面试过一位融资总裁的候选人。该候选人投、融资经验丰富，都是在一些大型金融机构和上市集团公司从事金融、投融资等相关工作，面试的表现让公司高管和HR都觉得他与职位要求非常匹配，通过背调得出的结果也不错。但是我们公司对高管及一些关键岗位，是一定要用第三方背调对候选人再进行一次背调的。

在我们启用第三方背调后，得出的结果却令人大跌眼镜。第三方背调发现该候选人“劣迹斑斑”，在之前的公司里曾出现过一些欺诈的行为、做过不少不好的交易，给公司的经营带来了极大的损失。于是我们立刻停止了对他的录用。

由此可以看出启动第三方背调的重要性。第三方背调会用专业的工具和方法去了解一些企业HR了解不到的事情，而且他们观察的“点”和HR也是不一样的。他们获取信息的途径与HR不一样，会从多个维度核实基础信息，精准校验商业利益冲突，尤其对金融方面的高管更是如此，甚至还会通过法律渠道了解候选人的诚信度及法律背书。

除此之外，我还有一个很有趣的亲身经历。在这次招聘中，“第六感”让我认为有必要启动背调，结果发现问题。

举例 一个凭“第六感”做的背调

记得我在一家猎头公司工作时，曾给一家世界500强企业招聘过一名总经理。这家企业是做高速泵的，我给他们推荐了一位男士，这位男士从简历上看很优秀，教育背景、工作经验等都不错，也一直是在做业内工作。

但当我和他见面沟通时——可能是出于职业的敏感，我隐隐觉得这位候选人有些不对劲。这些不好的感觉体现在一些细节上，比如在和他电话沟通时，他会让我给他买火车票，上火车后没有立即给我钱，到了北京后却说我和他的沟通属于公事，钱可以找我的公司报销，不等我回答就把车票塞在我手里，当时我就很不爽。首先从职位上讲，他应聘的是总经理的职位，其次，他是一位男士，区区几十元还需要女士为他报销，一点都不大气，不像总经理的做派。

这件事让我耿耿于怀，然后突然萌生出要查他简历的念头，于是到了公司后，我仔细查看他的简历，发现他近两段工作跳动频繁，从网上查找他工作的前一家公司，却发现那家公司居然已经不存在了。于是我开始查他当前所在公司的情况，了解到他已经离职，可是他却告诉我他仍然在职。由于这位男士外表看起来还比较精神，又有很好的英语和语言表达能力，性格也很open，他顺利通过了亚太区HRVP和CEO的面试。出于职业道德，我把了解到的一些信息都和中国区人力资源负责人分享了，并一再嘱咐他们展开第三方背调。果然，在正式录用之前，公司通过第三方背调查出他在最近这家公司由于经济纠纷被开除，还有，他把一段只有不到两年的工作经验写成了三年多，最终没有被录用。

以上案例告诉我们，一位经验丰富的招聘官是能从候选人的言谈举止中发现一些问题的，他们的“第六感”往往很正确，同时他们的职业素养也很高，不会因为个人业绩而忽视公司利益。这种感觉可以帮助招聘官发现真相，而这样的真相在简历上是没有的，在面试中也很难问出来。

对候选人进行背调是合理合法的，采用的也是符合法律法规的方法和途径，企业可以调查候选人的工作履历和教育背景，为企业招聘人才作参考。虽然企业为此会花费不少的人力物力和时间去做这件事情，但这确实是一项值得做的工作，可以在很大程度上为企业降低风险。

有些公司的做法比较极端，要求给全员做背调，但我认为这种做法并不可取：首先，成本太高，其次，对于公司非核心岗位没有必要做背调。但是针对可能给公司造成巨大潜在风险的岗位，比如高管、研发、财务等岗位的候选人，开展背调还是比较有意义且必要的。

第二节 | 背调的几种方法

一、主动背调

从“员工信息登记表”里搜索信息，由企业HR做背调，在候选人进入面试到入职前这段时间要进行身份信息的验证。让候选人在拿到录用通知书前填写“员工信息登记表”，表格里面有两个非常重要的信息，一个是他最近两家公司的直接上司和HR负责人的电话，这项是必填项，也为后期招聘官做背调提供了方便。

二是要求在“员工信息登记表”最下面的地方写上“以上信息属实，如果不实，一经发现马上解除劳动合同”等字样。这两处的填写，能起到震慑候选人的作用，也能在一定程度上降低用人风险。

然后再将候选人填写的信息和简历进行比较，因为候选人的简历是经过精心准备的，有些很可能是猎头美化过的，里面难免有虚假成分，包括每一段工作的时间段都会有误差。因为简历里有虚假的成分，候选人不会完全记住，因此在填写“员工信息登记表”时难免露出马脚。这样，招聘官只要把“员工信息登记表”和简历进行比对就能发现候选人是否对简历进行了造假，这就是主动背调。

二、简历的真实性

看候选人过往的工作经历、职位、工作内容、工作业绩等是否属实。通常要对候选人近十年的工作经历进行调查，年代久远的工作经历对当前招聘意义不大。招聘官可以将与候选人的面谈和简历以及“员工信息登记表”中的信息逐一核实，如候选人的任职公司、任职职位、职位层级、任职时间和工作业绩等，主要了解是否存在以下的一些情况：

1. 任职时间造假。候选人有时会在任职时间上造假（甚至有些辅导面试的机构会帮他们造假）。比如延长任职时间，或将某一段比较短的工作经历与其他的工作经历融合在一起，或者直接删除——因为这些候选人也很清楚，企业HR不喜欢频繁跳槽的人。

2. 工作的连续性。如果候选人的工作经历中出现了gap期，要询问这段空档期的原因。

3. 候选人的职位造假。职位不实是一个普遍现象。一些候选人可能会将经理夸大成总监，将副总夸大成总裁或者CEO，不是集团负责人的会把自己写成集团负责人，不是区域负责人的会把自己写成区域负责人。拿财务总监的职位举个例子，要了解财务总监这一职位的管理范畴和人员情况及组织架构，避免出现候选人将BU财务总监写成集团财务总监，招聘官却看不出来的情况。要想验证候选人的职位能力和真实性，招聘官需要了解候选人的上司、HR、平级和他的下属的姓名和联系方式，便于电话沟通，了解候选人的信息，综合考核候选人的情况，然后再通过背调，挖掘出一些不真实的信息。

三、候选人的工作表现

有些候选人会夸大自己的业绩，因此，要了解候选人的工作表现和业绩情况，看是否像候选人在简历里所写的那样，就要看他的直接上级和下属对他的评价。

四、人际关系能力

要看候选人是属于单打独斗型，还是团队合作型；是能和谐地与人相处还是人际关系紧张？等等。因为管理、销售、市场营销等岗位对良好的人际交往能力是有较高的要求的。

五、离职原因分析

从候选人的直接上司、平级和下属那里了解他的离职原因，看他是属于主动离职还是被动离职。如果是主动离职，要看是属于个人发展受限、平台不够大，还是和自己的上级相处得不愉悦等；如果是被动离职，要看是由于经济纠纷，还是滥用职权等；看与候选人说的是否一致，从而发现候选人对公司是否有所隐瞒。

六、审核潜在风险

例如，候选人是否与原单位签订了“竞业禁止协议”、保密条款等会对其未来的工作单位产生潜在用工风险和用工成本等的协议。

七、学历查询

可以通过由全国高等学校学生信息咨询与就业指导中心主办的中国高等教育信息网进行查询，这种方法比较简洁和便捷。不过2000年之前的学历在这里查不到了，可以直接派人去当地的学校查询，2000年之后的可以通过以下方法查询。

百度搜索：学信网（学历查询）

网址：https：//www.chsi.com.cn/

八、学位查询

百度搜索：教育部学位认证中心

网址：http：//www.cdgdc.edu.cn/

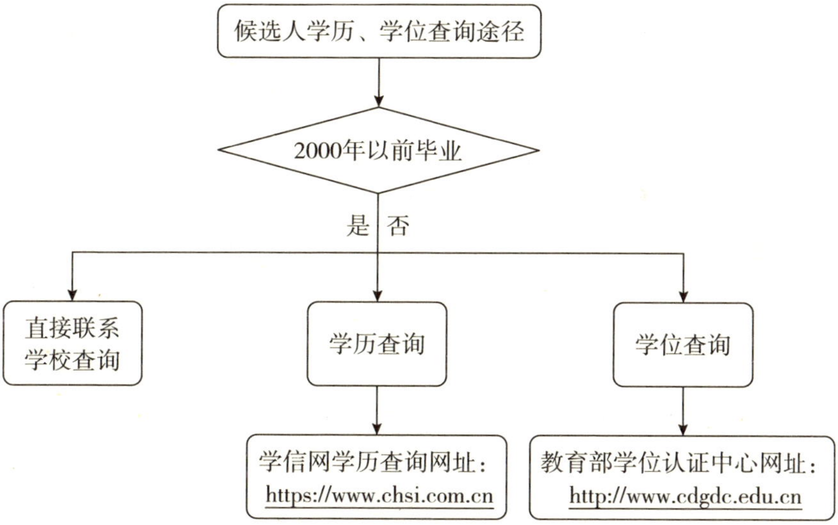

图5-2　候选人学历学位查询方式

第三节 | 多方位背调的渠道搜索

一、公开资料

现在信息网络发达，招聘官可以通过搜索引擎、微博、微信公众号等了解候选人的基本信息、担任的职务等。可以搜索公司官方网站或通过公司招聘信息查询该公司人力资源部的联系方式，若官方网站无该公司人力资源部的联系方式，则可以根据网站其他电话：如客服电话、销售电话等询问该公司人力资源部的电话。此外，也可以向身边的朋友和猎头机构了解候选人所在公司的其他工作人员，通过向他们询问得到候选人的信息。

二、雇主所在公司内部的熟人

他或许曾经与公司内部熟人在同一家公司共事过，可以通过他们了解候选人过往的经历和一些信息，包括性格等。

三、行业协会、论坛或微信朋友圈信息

可以通过一些行业协会、论坛或相关的微信群私下了解候选人的信息，最好能得到他的上级、下属或同事对他的评价。

第四节　背景调查的核心问题

一、提问

1.工作职责：他在贵公司的工作内容是什么？

2.工作业绩：他在贵公司做的是什么事情？做成过什么事情？

3.上级、平级和下属对他的工作能力和综合评价是什么？他最突出的亮点是什么？

4.人际关系：他的人际关系如何？同事们是如何评价他的？

5.他的离职原因是什么？

6.您认为他的优点和缺点是什么？或是他有什么需要改善的地方？

7.如果让您再次选择，您还会录用他吗？

8.如果让您给他打分（1分至5分），您会给他打几分？

一个完整的背调，时间应该控制在15分钟内。在实际操作中，可根据岗位具体要求和证明人的实际情况来定，过短，一些信息问不出，过长，则证明人也不会有那么多耐心和时间，还可能引起证明人的反感情绪，引起他们的不满。

二、设计"结构化"的面试问题，把问题具体化

通常，"结构化"面试问题的设计大约可以分以下三步进行：

1.结合每位候选人的简历信息，简化行为标准。

2.依照公司的招聘岗位说明书和候选人的简历，找出该岗位需求候选人应具备的关键素质。

3.以候选人的相关经验为主要线索，再参照公司对该职位的关键素质行为，设计结构化的面试问题。

举例 市场营销总监的背调

1.市场营销总监的关键素质：具有优秀的市场策略规划能力和执行能力，以及出色的市场敏锐度。

2.对证明人的提问：您认为他通常是如何开展市场策划工作的？根据什么来做策略规划？他运用了哪些创新的手法？最后达到了什么效果？如果您给他打80分的话，您认为他还有20分是哪方面做得不好？您能举个具体的例子吗？

因此，我们在做高管背调时不能泛泛地提问，而要将这些“结构化”的问题具体化和量化，对方才会说出我们想要的答案。

第五节 | 如何开展有效的背调

调查的内容将直接决定背调的效果。一般来说，背调验证的信息应该包括候选人的身份信息、学历、学位信息、工作经历信息（职位、任职时间、工作内容、工作业绩、离职原因等）、原雇佣关系（包括是否解除劳动关系、有无经济纠纷、培训协议、保密及竞业禁止协定、劳资纠纷等）；针对有的特殊岗位（如研发、技术、销售、金融和一些高管职位），还要了解候选人是否有违法记录、金融违法记录，个人经济状况、社会关系等信息。因此，在做背调时要根据不同公司的招聘岗位来设计调查内容，优化背调的效果。

有时因为大家害怕得罪人，对任何问题的回答都是："不错""很好""还可以"。记得我以前在做一位候选人的背调，问其有什么缺点时，证明人回答说没有，随后又补充了一句，说"他写字写得不好，不知这是否算是缺点"。这种回答毫无价值，并没有解决任何问题。因此，我们做背调时只有参考结构化面试的方法去做，才能获得真实的信息。

第六节 | 背调中遇见的困难和难点

在进行背调时，大多数证明人是不排斥的，他们大多能够积极配合，但是还会有一小部分证明人不太乐意配合，他们会感觉麻烦，而且不想得罪人，也害怕承担风险，这些无疑给背调增加了难度。通常在背调过程中，我们会遇到以下困难：

一、充当“老好人”，夸大候选人的业绩

有些候选人会提前和证明人打招呼。他们联系的都是和自己关系比较不错的人，甚至还有一些候选人会直接与HR部门提前做好沟通。如果发生这样的现象，背调结果的真实性就会大打折扣。

这样的证明人给出的评价往往并不客观，会存在人为夸大事实、夸大候选人的业绩等情况。这时就需要我们采用结构化面试的问题来问证明人，候选人为什么会有这么好的业绩？他是如何做到的？在达到业绩的过程中，他在里面担当的角色是什么？

通过一层层的追问，我们会得到一个相对公正的评价，当然，也可以通过其他渠道了解候选人业绩的真实性。

二、证明人排斥背调

比如，候选人的直接领导是新任职的领导，和候选人配合工作的时间不足两个月，对候选人并不了解。在这种情况下，如果招聘官找他了解情况，他就会排斥、不愿意配合。

因此，在调查过程中，我们要耐心地做好他们的工作，承诺做好保密工作，让他们打消顾虑，并且向他们说明背调的重要性。我们也可以更换调查对象，比如对候选人的间接上司或相关部门的负责人做背调。只要态度够诚恳，多数人都会愿意配合工作，这些信息都可以从一个侧面反映出候选人的真实情况。

以上都是和理论相关的，下面我与大家分享一个范例。

举例　某控股集团的背调报告

调查对象：×××

调查期间：某年某月某日至某年某月某日

调查部门：集团人力资源部

调查人员：×××

报告日期：某年某月某日

（一）调查目的

1.获取候选人更全面的信息，核实其提供材料的真实性或澄清某些疑问。

2.多维度了解候选人的能力与素质情况。

3.规避法律风险，确保公司合法用工。

（二）调查方法

通过电话访谈对被调查人原单位的下属、同级、人力资源部以及上级进行360度情况了解与相关资料复核；同时综合利用外部专业网站和网络综合信息收集等手段对被调查人的多项个人综合信息进行验证。

（三）调查结论与建议

综合结论与建议：

经多方调查了解，×××先生所提供的工作履历、学历证件、离职原因等个人基本信息准确无误；原单位相关人员（1名上级、1名平级、1名HR、1名下属）对其的评价积极正向，绩效表现优异，综合能力全面、突出，个人品行端正，基本符合我们之前对其面试所做的相关评价判断。

×××先生各项调查结果属实，建议录用，并继续试用考查。

1.基本信息

经核查，×××先生提供的个人学历信息、个人工作履历信息（工作单位、工作时间、工作职务、所辖业务和工作职责等）准确无误，在原单位在职期间无任何违纪违规记录。

2.绩效表现

经核查，×××先生在面试阶段描述的个人原单位绩效和行为表现与综合调查结果相符，属实。4位证明人对×××先生在××公司工作期间的工作和绩效表现均给予了非常高的评价。调查显示：其绩效指标完成情况在全公司排名第一，2011年度绩效考核结果为A。

3.能力评价

经调查，×××先生在原单位工作期间的能力体现与面试阶段的综合表现和我公司对其的评价基本吻合。

- 相对优势主要为：行业经验丰富，具有出色、全面的业务管理能力，授权管控型领导风格，具有远见卓识，思路清晰、执行力强；具有卓越的领导力，团队综合管理能力及个人影响力突出；个人品行端正，职业化程度高，沟通协作能力突出；具有领导威信，敢于担当。

- 相对劣势主要为：财务、HR等部分职能管理工作需要加强，在业务的精细化管理和标准化管理上需要投入更大精力。

（四）薪酬状况

经调查，×××先生提供的薪酬结构信息属实，但由于证明人不方便提供具体薪酬明细和范围，因此薪酬明细暂无法确认。

（五）离职原因

经调查，×××先生提供的离职原因与调查结果相符，属实，为个人自行离职，以寻求更大的发展平台、实现更高的个人目标和价值。

（六）详细调查情况

关于×××先生的背调详细记录			
证明人A姓名	×××	证明人A单位与职位	××公司总经理
证明人A联系方式	……	与调查对象关系	其下属
综合评价： 领导能力突出，专业能力优秀，离开公司是公司的一大损失，在同级别的执行副总裁中，管理权限和职能重要程度排名第一，所分管部门的同事对他评价很高。 任职时间： 2002年至2012年 职位变化： 项目公司总经理—集团执行副总裁 违纪违规： 无违纪违规现象			

续表

<table>
<tr><td colspan="4">综合表现：
工作思路清晰、决策果断，对团队工作要求高，工作严谨但不失与员工随和相处。
优势评价：
房地产行业经验丰富，专业知识强；与外部政府、合作伙伴的沟通能力以及内部资源协调能力突出。
品行端正，职业化程度较高。
劣势评价：
全面管理的经验有部分欠缺。例如：财务、HR 等职能管理内容。</td></tr>
<tr><td colspan="4">离职原因：经侧面了解，主要是看重 ×× 公司的发展平台。</td></tr>
<tr><td>证明人 B 姓名</td><td>×××</td><td>证明人 B 单位与职位</td><td>人力资源部总监</td></tr>
<tr><td>证明人 B 联系方式</td><td>……</td><td>与调查对象关系</td><td>HR</td></tr>
<tr><td colspan="4">综合评价：
领导力突出，组织沟通的管理能力优秀，在公司内发展趋势良好；对于他的离职，公司管理层和董事会均感到惋惜。
任职时间：
2002 年至 2012 年
职位变化：
项目公司总经理—集团执行副总裁
违纪违规：
无违纪违规现象
绩效表现：
2011 年绩效考核成绩为 A，同级别最高。
综合表现：
离职前分管集团最大的事业部（共 5 个事业部），所辖事业部共包括 7 个项目公司，排名第一。
做事方面，可以充分发挥领导力，在团队中有管理威信；在团队建设上，平级和下属与他相处融洽，主要得益于他随和、善良的性格，不是一个强势待人和管理的领导。
发展潜力：
在集团同级领导中一直排名靠前，综合潜力高。
薪酬状况：
具体薪酬明细和范围不方便提供，薪酬结构是底薪＋项目奖金，比例为 1 ∶ 1。</td></tr>
</table>

续表

<table>
<tr><td colspan="4">离职原因：自动离职，尝试新的发展平台和机会。</td></tr>
<tr><td>证明人 C 姓名</td><td>×××</td><td>证明人 C 单位与职位</td><td>副总裁</td></tr>
<tr><td>证明人 C 联系方式</td><td>……</td><td>与调查对象关系</td><td>其同级</td></tr>
<tr><td colspan="4">综合评价：
具有突出的战略思考能力，出色的行业市场动态警觉和分析能力，且能够精准把握市场机遇，把战略切实转化成业务规划，并按部就班地实现目标。是一位具有卓越领导力的高级管理人才。
任职时间：
2002 年至 2012 年
职位变化：
项目公司总经理—集团执行副总裁
违纪违规：
无违纪违规现象
综合表现：
在过去一段时间，在地产行业不是很景气的大环境下，他所分管的领域和负责的项目是 ×× 公司整体运营状况最好的，业绩目标达成情况高于其他项目的同级分管领导，在同级别的领导绩效考核排名中，排名在前 30%。
同级协作：
擅长换位思考，能够与同级同事进行有效沟通，以赢取信任与协作，综合评价很高。
优势评价：
对业务的全盘运营管理能力出众，行业管理经验丰富；擅于管理人，带队能力出色，能针对不同的下属运用不同的管理手段，是成熟的多元化组织的管理者；沟通协调能力非常强，能够高效且灵活地运用各种沟通方式，与上级、同级以及下属进行多方位沟通，取得大家的信任与支持；授权型的领导风格，让他能够用共同愿景影响团队成员，过程中的充分授权和合理监控，得到下属的充分信任。
劣势评价：
业务管理过程中擅于抓大放小，如与他协作的同事和搭班子的下属是执行力很强且擅长关注细节的人，其团队的整体作用会发挥得更加出色。</td></tr>
<tr><td colspan="4">离职原因：公司与其有过深入沟通，他是有更高发展目标的人，要寻找更大的发展平台，实现自身价值，追求更高、更全面的挑战。</td></tr>
</table>

续表

<table>
<tr><td>证明人 D 姓名</td><td>×××</td><td>证明人 D 单位与职位</td><td>总监</td></tr>
<tr><td>证明人 D 联系方式</td><td>……</td><td>与调查对象关系</td><td>其下属</td></tr>
<tr><td colspan="4">综合评价：
具有很好的团队管理能力，能把团队的每一位成员都用好，放到合适的位置上，能够站在下属的角度考虑问题，能授权管理，是一位体恤下属、关心下属、有担当的好领导。
综合表现：
在过去一段时间，在地产行业不是很景气的大环境下，能带领团队克服重重困难，在同级别的领导绩效考核排名中，排名在前 30%。
擅长换位思考，能够站在下属的角度考虑问题，给下属一定的授权和信息，会用鼓励的方式激励下属，每月会找时间和下属做沟通，随时解决问题，赢得下属信任与协作，是一位比较务实且能干的人。
优势评价：
对整体业务的把控能力强，地产行业的管理经验丰富，且有丰富的人脉；知人善任，有很好的大领导力和带团队的能力，针对不同的下属懂得运用不同的管理手段，且能针对下属的能力合理安排不同的工作；有良好的沟通和协调能力，能够与上级、同级以及下属进行全方位的沟通，赢得大家的信任与支持；在管理上能够充分授权，同时也是一位指导型的领导，他能够用愿景影响团队成员，有正能量，得到下属充分信任和支持。
劣势评价：
管理风格偏温和，容易让一些不太自觉的下属钻空子，管理抓得有些大而散，最好是执行力很强且擅长关注细节的下属与他搭档，这将对团队整体起到画龙点睛的作用。</td></tr>
<tr><td colspan="4">离职原因：寻找更大的发展平台，实现自身价值，追求更高、更全面的挑战。</td></tr>
</table>

第七节 | 委托第三方做背调

如果候选人是猎头推荐的，可委托猎头公司代为调查，如果候选人是公司从自主渠道获得，可寻求第三方公司代为调查，他们会给候选人授权，如果发现资料不符，他们会承担法律责任。

在背调前要征得候选人的同意和授权，获取书面认证后方可实施，以免触及候选人的隐私造成误会，要避免不必要的纠纷。

举例 背调的具体操作

一、背调授权书

个人信息查询及披露授权确认书

致各有关方面：

本人在此同意并授权××控股集团公司及其关联机构，有权通过任何渠道收集及查询、确认本人在入职前提供的所有个人信息，并可按需要向有关人员问询本人的各项表现。

对××控股集团公司及其关联机构进行的有关本人信息的任何

查询，本人同意所有持有本人个人信息资料的有关机构及人员，按上述查询主体的要求予以提供。

在××控股集团公司同意对本人个人信息予以严格保密的前提下，本人承诺，上述对本人个人信息的查询及对本人个人资料披露的行为，任何机构及人员无须承担任何法律责任。本授权确认书的任何复印件与原件具有同等法律效力。

签名（正楷）：

身份证件号码：

日期：

二、学历学位入职声明书

入职声明书——学历学位

姓名：

身份证号：

本人即将入职（填写即将入职的签署劳动合同公司的全称），入职时间:____年__月__日，职位:________，因学历（____）学位（____）无法核实，现声明如下：

1.本人承诺在入职后的30日内完成学历学位认证，并配合公司完成复核。

2.本人提交的学历学位证书（详见附件）为国民教育系列证书，并保证该证书真实、合法、有效。

若有不实，或复核结果不符合（填写即将入职的签署劳动合同公司的全称）职位要求的情况，（填写即将入职的签署劳动合同公司的全称）有权与本人解除劳动合同，本人将承担给（填写即将入职的签署劳动合同公司的全称）造成的一切损失。

本人教育背景情况如下：

毕业院校：

专业：

毕业时间：

所获学历：

学历证书及编号：

所获学位：

学位证书及编号：

该声明书的扫描件、复印件、打印件等与原件具有同等法律效力。

特此声明。

签名（正楷）：

手机号码：

日期：

填写说明：

1. 根据候选人情况，在学历学位后的括号内打勾。

2. 请将文件中括号内的提示内容删除并按实际情况填写。

3. 原件中所需填写的内容（含签字、手机号码、日期等）必须为手写。

4. “入职声明书”原件须在××背调部存档。

5. 学历、学位复印件须由候选人分别签字。

6. 请认真填写/核对，确保信息准确无误。

有任何疑问可随时向背调部咨询，感谢配合。

三、工作履历入职声明书

入职声明书——工作履历

姓名：

身份证号：

本人即将入职（填写即将入职的签署劳动合同公司的全称），入职时间：____年__月__日，职位：________，兹声明如下：

本人提交的个人简历信息（详见附件）真实、有效，若有不实或不符的情况，（填写即将入职的签署劳动合同公司的全称）有权解除劳动合同，本人将承担给（填写即将入职的签署劳动合同公司的全称）造成的一切损失。

该声明书的扫描件、复印件、打印件等与原件具有同等法律效力。

特此声明。

签名（正楷）：

手机号码：

日期：

附件：请附个人简历，在个人简历上抄写以下内容并手写签名。

“本人简历信息真实、有效，若有不实或不符的情况，（填写即将入职的签署劳动合同公司的全称）有权解除劳动合同，本人将承担给（填写即将入职的签署劳动合同公司的全称）造成的一切损失。”

填写说明：

1.请将文件中括号内的提示内容删除，并按实际情况填写。

2.原件中所需填写的内容（含签字、手机号码、日期等）必须为手写。

3.“入职声明书”原件须在××背调部存档。

4.请认真填写/核对，确保信息准确无误。

有任何疑问可随时向背调部咨询，感谢配合。

四、个人承诺书

个人承诺书——竞业禁止协议

姓名：

身份证号：

本人即将入职××控股集团或其关联公司，入职时间：____年__月__日，职位：________。

本人与（签订过竞业禁止协议的公司名称）签订过“竞业禁止协议”。

故本人承诺如下：

1.在（签订过竞业禁止协议的公司名称）的经营范围与××控股集团或其关联的公司不存在任何行业竞争等事项。

2.若所述信息不实，××控股集团或其关联公司有权与本人解除劳动合同，并由本人承担给××控股集团公司或其关联的公司造成的一切损失。

本承诺书若与劳动合同存在冲突，以本承诺书为准。

该承诺书的扫描件、复印件、打印件等与原件具有同等法律效力。

特此声明。

签名（正楷）：

手机号码：

日期：

填写说明：

1.请将文件中括号内的提示内容删除并按实际情况填写。

2.原件中所需填写内容（含签字、手机号码、日期等）必须为手写。

3.“个人承诺书”原件须在××背调部存档。

4.请认真填写/核对，确保信息准确无误。

有任何疑问可随时向背调部咨询，感谢配合。

第八节 金无足赤、人无完人

人力资源运用的都是工具，用好它叫本事，如果用不好，它不仅不能对你的工作产生促进，还会给你带来麻烦。这个世界上，背景没有“瑕疵”的人少之又少，关键是这个“瑕疵”是不是我们在乎的。

背调的可信度基本在60%至80%，超过80%有些过了，低于60%又有失公道，所以要客观地看待背调工具。

背调同其他面试方法一样，只是对候选人评价的一个维度。背调再好也不能代替招聘官的判断，它只是验证我们判断的一个工具，只能当作一个参考而已。

背调切忌搞一票否决。你给他亮红灯了，只能说这个人要谨慎使用，但不要说“不能用”，这是背调的最终目的。背调、测评等都是验证自己判断的工具，招聘官的面试是任何工具都难以代替的，因为他就是靠经验和职业敏感度来作判断的。

比如《亮剑》的主人公李云龙，看上去就是一个“刺头”，讲理论他可能不行，但事实证明，他就是行，因为他是在摸爬滚打中干出来的。还有苹果总裁乔布斯，如果只从“人”的角度来看，他是一个脾气暴躁、苛刻，并不“完美”的人，但用企业家的角度来看他，他就显得非常优秀，绝对是全球企业家的典范——他创造了一个“智能手机”的行业。

如果只按照背调思路做招聘，很有可能错过这些伟大的人才。

GUIDE YOU TO BE A GOLDEN RECRUITER

第七章　如何在茫茫人海中找到他

本章导读

本章告诉招聘官们如何从企业内部发现人才、从实践中发现人才、找到优秀人才、留住人才，并提供了一些实际案例加以分析。我在此提出，不仅一将难求，千军亦难求，展现了时下各企业人才争抢的激烈，还讲述了一些过时的传统选人方式及如何采用新型的招聘形式招聘到优秀人才。

“人才”是一个企业发展的基础。所有人都知道，没有“人”，一切都是空谈。“利润”也得需要“人”来创造。如何使用和留住“人才”、如何让“人才”各司其职，这是比利润还重要的事情。

第一节 | 如何从企业内部发现人才

大多数企业都认为，“外来的和尚会念经”，企业里只要有空缺职位出现，他们马上就会把手伸向外部，从各种招聘网站中搜寻“人才”，如果是高端职位或是一些有难度的技术职位，他们会马上启动猎头。这种过多借助外力的方法容易挫伤内部员工的积极性，从而对公司产生抵触情绪，最终使他们悻悻然，离开公司。

举例 索尼公司的内部招聘制度

记得我曾在网上看到过这样一个案例：描述的是索尼董事长——盛田昭夫。盛田昭夫有一次在员工餐厅与职工一起就餐时，发现一位年轻职工郁郁寡欢，满腹心事。盛田昭夫在与他的沟通中了解到，这位年轻人毕业于东京大学，有一份待遇十分优厚的工作，在进入索尼之前，他非常崇拜索尼，认为如果能进索尼工作将会是件无比荣耀的事情。可是不承想，当他加入索尼后才发现，自己的才华在索尼根本无法得到施展，他不是在为索尼工作，而是在为课长干活。在他眼中，课长的能力并不是很强，但自己的行动和建议还得经过课长批准，而对自己的一些发明与改进，课长非但不支持，相反还挖苦他不知天高地厚、有野心等。这使这位年轻人非常沮丧，因为在他眼里，课长就代表了索尼，他后悔自己居然会放弃之前那份优厚工作，来到“这种地方”工作。他的一席话让盛田昭夫十分震惊，他想，类似情况在公司内部一定还有不少，管理层应该了解这些年轻员工的苦恼，要设身处地为他们着想，不能阻碍他们的上进之路，于是产生了改革人事管理制度的想法。之后，索尼开始每周出版一次内刊，刊登部门的“求人广告”，员工可以自由而秘密地前去应聘，他们的上司无权阻止；另外，索尼原则上每隔两年就让员工调换一次工作，特别是对于那些精力旺盛、干劲十足的人才，不能让他们被动地等待工作，而要主动给他们施展才华的机会。在索尼实行内部招聘制度以后，有能力的人才大多能找到自己比较中意的岗位，而且人力资源部还可以发现那些“流出”人才的部门的上司存在的问题。

从以上案例中可以看到，要在公司内部建立一个晋升机制，从不同的职级开始，每个季度竞聘一次；可以在企业的报纸、公司官网及员工邮箱上发布工作公告，把所空缺的职位信息传达给所有员工，信息包括职位名称、所属部门、职级、该职位上司的姓名、工作地点、职位描述和任职资格以及对员工选拔的方法、测评，还有该岗位未来的上升空间等。这种方式可以杜绝企业内部个别部门领导打压员工、一手遮天的做法——其实很多员工离职不是因为公司，而是因为上司。

比如，我也是从年轻人初入职场，一路打拼到现在的，在过往的职业生涯里也遇见过一些无能的领导，他们不作为的同时也不允许下属有想法、有创新；还有一些领导嫉贤妒能，不愿意招聘比他们强的人，如果下属能力比他们强，他们就会想方设法地去打压、刁难。员工的才能无法施展，于是不得不选择离职。

各部门的经理应有伯乐的眼光——不仅要带好自己的团队，还要学会授权，让下属做更多的事情、让他们有机会展现自己的才能。从多方面考查，才能发现公司内部真正优秀的“人才”。有了好的晋升机制，也能保证员工对企业的忠诚度，等他们竞聘成功后，还能赋能给其他年轻员工，保证公司的运营机制健康。

从我本人的经历来看，如何提升员工的工作效率和个人绩效，基层员工其实比老板更清楚，也更容易找到解决方法和答案。老板应该定期与基层员工沟通，就像案例里提到的索尼董事长——盛田昭夫那样，每月去员工餐厅和员工交流，了解他们个人及公司的情况。这样，老板才能听见“前线”的“炮火”和“枪声”，否则容易被一些投其所好的高管及假象蒙蔽，错失公司内部的“人才”。

第二节 | 如何从实践中发现人才

在大型企业里，有一个用得比较多的工具是人才继任计划。每年年底或年初，人力资源部会对现有的人才做个盘点，经过详细的盘点，挑选出20%的优秀员工，70%的普通员工和10%的绩效较差的员工；在此基础上还会再细分，如20%的优秀员工里，有哪些员工可以马上晋升或者做目前职位的替代者，哪些员工有潜力在明年晋升；70%的普通员工里，哪些员工调整到其他部门会更利于他们的发展，哪些员工需要接受培训来快速提升能力，如果再不给哪些员工培训或调整岗位，他们可能就会离职等；而对于另外那10%的绩效不好的员工，要么淘汰，要么再给一两个月的时间观察一下，如果绩效没有显著改进，就会把他们淘汰。

在大多数企业里，80%的价值是由20%的工作职位创造的。在前20%的优秀员工里，我们发现了他们的优势，但是如何知道他们是否是合适的继任者呢？这就需要把他们放到实际的岗位中继续磨炼，在实践中考查他们的能力。大型企业的高管通常设有A、B岗，如果我们要考查一个人是否能胜任销售总监，就会把他放在该岗位上，让他承担销售总监的职责，看由他带领的销售团队能产生多大的效益、一年能达成多少销售额、团队成员的稳定性如何等。真正的人才不是“纸上谈兵”，关键的就是其实干能力——“实干”是检验“真理”的唯一标准。

第三节 ┃ 如何才能找到优秀的人才

杰克·韦尔奇曾在其著作《赢》中写道："要企业想'赢'，没有比找到合适的'人'更要紧的事情了，如果你没有优秀的'人'来实践，世界上所有的战略和技术都将毫无用处。但是招聘到好的员工是很难的事情，招聘到优秀的员工更是难上加难。"

E公司的董事长非常看重人才，不惜在找人上花费重金，他认为但凡伟大的公司，"都凝聚了最优秀的人才，他们都有一个秘密——就是找'人'最厉害"。比如，微软、苹果、谷歌等这样的公司，就把全世界最优秀的人才都招来了。"战略是'人'制定的，钱是'人'挣来的，文化是'人'干出来的。"

如今，技术的更新换代越来越快，新产业、新业态、新的商业模式层出不穷，企业之间的竞争变得格外激烈，对优秀人才的需求也在持续增长，有不少企业挖空心思，想出了各种挖人绝招，为的就是抢时间、抢人才，以使自己的企业立于不败之地。如何找到优秀的人才已经成为企业发展的最大挑战，即便是伟大的公司也会发现，招人不易。

谷歌就是一家注重招聘优秀人才的公司。从成立的那天起，公司的创始人就坚持招聘高素质的人，而且网撒得很广，为多元化的人才战略布局。他们建立招聘机制的第一步是将公司的所有员工都要变成招聘人员，推荐候选人；第二步是请人脉最广的员工花更多的时间搜寻优秀员工，而这些员工日后可能就会成为全职招聘人员。他们不惜在找人上花费大量的时间，也肯为找到出色的人才下功夫，在公司员工达到2万人之前，大多数的员工每周都会花4至10个小时在招聘上，所有的高管每年会花8至20个小时在招聘上，这些时间上的投入确实既让谷歌获得了快速发展，同时也完成高质量的招聘工作。随着谷歌人员规模的快速扩张，他们学会了更加高效的招聘方法，当人员达到4万人时，他们非但没有增加招聘时间，相反，平均每周用在招聘上的时间却减少了1.5个小时——他们迄今为止都坚持把“招到一批核心的优秀人才”作为最好的招聘技巧。

一、谷歌用这几种方式招到了最优秀的员工

1.设定高质量标准。首要的原则就是“只聘用比你更优秀的人”。不要将就，永远不要。

2.寻找自己的候选人。展开多渠道的搜寻，如领英、Google+、同学录、行业协会等。

3.客观地评估候选人。让下级和同事都参与到招聘中，并做好笔录。

4.给候选人一个加入的理由。让他们明白为什么他们的工作重要，同时让他们知道他们未来的同事是一群优秀的人才。

但在具体操作中，我们会发现这不是件容易的事情——经理们对自己不能自主聘用团队成员而耿耿于怀、招聘官也不习惯受别人的指挥，而且还要按照特定的要求撰写面试评估报告等。但是谷歌始终坚持“不要屈服于压力，为品质而坚持”。不要因为职位低而降低对候选人的要求，一名普通的行政助理与一名卓越的行政助理之间有着天壤之别：一名优秀的行政助理可以合理地安排行政经理的

时间，有条不紊地安排各项任务的顺序、懂得安排来访宾客的优先级，会为行政经理拒绝和弱化一些杂事和琐事等，而绝不是像一位普通的行政助理那样，只需要接听电话、做些事务工作那么简单。人才的优秀与否不以职位的高低来划分，不管什么岗位都要招聘优秀的候选人。

对于搜索引擎起家的百度来说，他们对于跨界人才的搜寻也有自己的经验。首先，人力资源部门会调动各类资源来进行人才Mapping（即对市场上相关人才做整体情况分析），了解人才分布状况，锁定目标人群，然后用高层互相推荐的方式进行搜寻。

这是一个经过百度反复验证并被证明十分有效的办法："我们要找的是管理者，这个人才在这个行业内一定是一个处于食物链上层的人物，所以我们会直接用高层自己的诚意和信心去谈，这样的效率会更高。"通过高管来沟通企业的愿景、员工价值、企业资源等关键要素，以此来吸引最优秀的高端人才。

一名合格的招聘官，需要熟悉公司所有的工作种类和职位要求，当你认为候选人不合适A岗位时，可以把他快速放到B岗位上；如果没有合适的岗位，也会做好笔录，把外部的候选人名单放入公司人才库里，以便未来有合适的职位时可以提供给强有力的候选人，定期维护好企业的人才库。

二、一将难求，千军亦难求

我曾经服务过一家公司，它的信条中有一句话是"成功的奥秘第一靠人、第二靠人、第三还是靠人"。董事长为了抢时间而快速招人，连他本人每周都会花近10个小时的时间亲自面试高管；为了寻找在各行各业里有所成就的"大咖"，公司人力资源部制定了"走出去”的战略，而招聘总监就成为“行走的公司宣传大使”，去各大城市物色人选。

我在2018年年底和2019年年初曾和HRVP去上海、广州面试过高端候选人。因为高端候选人的面试时间和公司高管招聘官的时间不好安排，而且人选从全国各地飞到公司来成本也很昂贵，最终还不一定能通过面试，于是人力资源部就制定了“走出去”的战略。高端人才招聘，首先需要面对的就是候选人的质疑和他们的问题，招聘总监如果不能解释得足够让人信服和专业，是很难吸引到优秀的候选人的。

大多数企业家都认为，高素质人才的知识、能力、智慧对企业的发展起着至关重要的作用，高素质人才的数量和质量也成为衡量企业整体竞争力的标志。素质越高的人才越稀缺。

滴滴打车的程维在创业初期，为了组建一支强大的团队，也想方设法地招聘人才——柳青就是程维“挖”过来的。当时，柳青的年薪是400万美元，程维根本付不起这么多，但却凭借自己的执着与梦想打动了柳青，使她最终加入了滴滴的团队；还有当年的雷军，在组建小米团队时也竭尽全力地去物色人选，把80%的时间都花在了找人上——找最牛的人。

仿佛整个社会都进入了抢人时代，人才争夺战自此拉开序幕……前一段时间，出现了这样一篇报道——“数百位HR哄抢甲骨文前员工”。

2019年4月左右，甲骨文裁员，谁承想，这次被裁的员工还没走出甲骨文的大门，门口就已经蹲守了一大批等着抢人的大厂，包括BAT、华为、网易等八十余家企业，等着“接盘”这数百名被裁的甲骨文前员工。

华为的HR下手最快，把招聘的牌子放到了甲骨文公司的园区内。其他公司也不甘示弱，纷纷效仿。BAT旗下某公司的HR，在裁员的前一天得知有招聘，于是连夜飞往北京，3点才睡。她告诉甲骨文员工，周末会专门为他们再举办一场招聘会。

甲骨文在中国的办公所在地——北京市中关村软件园，更是开办起“甲骨文专场人才推介会”，招聘网站上也出现了专场招聘。为了帮助这批员工再就业，甲骨文的竞争对手、当地的人力机构、全国的招聘网站可谓不遗余力。

虽然甲骨文的招聘不尽如人意，并没有达到期待中的效果，但是抢人时代的人才争夺大战恰恰表明了企业对于人才的重视。

第四节 | 如何留住企业高管

为什么每个公司的情况都差不多，但每个企业表现得却不同？企业的变革和发展一定是有同期性的，一个企业之所以存在，是因为“人”在，企业和企业之间的竞争就是人才，但如何用好人才和留住人才确实是一门学问。

就像前文中提到的，不少企业和企业之间正在进行人才争夺战，尤其是民企在寻找高管和稀缺人才时，找人快而急，这样会造成以下现象：

一、企业把人招来后并不知道如何使用

高管是从不同的行业和企业招进来的，本身具有很大的差异性，但进来后，公司并没有给他们提供服务和支持，容易受到老高管的排挤和挤压——老高管自己手里把控着资源，不让新高管触及。尤其是做销售和项目的高管，市场就那么大，早点入职的或许还能分到一杯羹，晚入职的高管则会发现自己擅长的领域已经有人在开展业务了，心里就会产生抱怨，这样，工作不到一年，就会因为业绩不理想而离开。

二、董事长并不清楚公司战略

有的企业的董事长自己也没有想清楚该如何进行布局，只会从面试这些高管人群里去了解业务模式、从他们过往的经历中去发现与之匹配的业务模式，而后在实践的过程中发现这些高管过往成功的模式并不合适现在的企业，于是人才得不到发展，最终悻悻然离去。

三、企业找高管时只想找最优秀的、业绩最亮眼的人

这样的“尖子”到了一个新的环境后，往往会由于对新企业水土不服，导致过往的成功经验在新公司无法复制，等等。

诸如以上这些原因，导致的结果是企业花了大量的时间和金钱找人，结果却以失败告终。

因此，企业的CEO或董事长们，不能盲目地凭自己的主观想法和经验招聘高管，也不能一味想着招聘最优秀的人，因为最优秀的人不一定适合你的企业。在引进高管之前，企业一定要慎重，要花足够多的时间想清楚自己的战略和组织架构，之后，再启动招聘，而且要把招来的高管放到合适的位置上，了解他们的资源和人脉、发挥他们的优势。除了考虑自己企业的发展之外，也应该想想企业能给这些人才带来什么利益，对他们产生什么价值。对于高管来说，钱并不是最重要的，他们在意的是在企业里的话语权和施展能力的空间，企业要全盘考虑，实现双赢。

第五节 | 过时的选人方式

传统的选人方式是，由企业各部门经理提需求，找到人力资源部填补空缺，并找出一份旧的职位描述，或从网上下载一份职位描述给人力资源部的招聘负责人。该招聘负责人会把这些职位描述发布在公司网站及其他招聘网站上，等着候选人投递简历。然后人力资源部再经过层层筛选、面试、测评、背调等，选定一位合适的人选入职。这就是典型的传统选人方式。这种选人方式很难给公司物色到优秀的人选，它有以下几点令人诟病：

一、人才画像不精确

明确人才的精准画像是最重要的环节，它直接影响招聘的成败。关于这一点，可参考本书第五章的介绍。

传统的选人方式过于依赖招聘部，但招聘部不是用人部门，并不能确切知道业务部门到底需要一个什么样的人，只能根据业务部门的职位描述去招聘人选。但是，业务部门给出的人才画像并不精准，再带着招聘部门自己对职位描述理解的偏差，内部又没有一个统一的用人标准，结果是招聘部门觉得合适的人选用人部门不认可，用人部门觉得合适的人选董事长又不满意，企业可能投入了大量的成本进行招聘，却无功而返。岗位描述是会随着公司业务发展和方向而调整的，并非一成不变，当岗位需要聘用新人时，千万不要把陈旧的职位描述翻出来，这种做法毫无意义。

二、招聘渠道单一

传统企业招聘都是通过现场招聘会或在公司的网站上发布职位，等待人选投递简历，这种招聘方式无疑是非常被动的，有种守株待兔的感觉。现今，人才分布的现状是，40%的人才来自各大网站，30%的人才来自猎头的推荐，而另外的30%是不看工作机会的人，但往往这类人才是企业真正要找的人，他们才是真正优秀的人。

三、公司不注重雇主品牌建设

按照百度百科的解释：

“雇主品牌（Employer Brand）是雇主和雇员之间被广泛传播到其他利益相关人、更大范围的社会群体以及活在雇员心里的一种情感关系，通过各种方式表现，企业是最值得期待和尊重的雇主。”

有人曾提出可以“品”字的三个口来理解品牌。第一个“品”字是雇主口中的“品”。要找出自家公司的产品优势和特点，吸引外部的人才加入公司，通常，这个“品”可以保持内部员工的稳定性。第二个“品”字是员工口中的“品”。员工对企业的认可度及他们为在自家企业工作的一种自豪感，他们愿意推荐亲朋好友来公司工作。第三个“品”是他人口中的“品”——来自口碑。诸如外部的合作伙伴、客户、候选人和相关机构等。好的雇主品牌不仅能使员工队伍稳定，还能吸引更多的优秀人才，帮助组织形成竞争优势。优秀的雇主品牌就像优质的产品品牌一样，能给企业创造巨大的价值和影响力，直接影响员工的忠诚度和满意度。

现在，时代变化了，企业的思维方式如果还停留在传统的招聘和雇佣关系上，而不注重雇主品牌的建设，那么将很难吸引到人才。

四、不注重对招聘官的业务培养

如今，很多企业缺乏招聘流程，招聘官的能力和水平也不足，他们可能没有经过任何的培训，缺乏科学系统的评价方法，找人完全凭感觉。经常是业务部门只要一提出用人需求，招聘部的人就会即刻响应，他们不会想业务部门为什么需要招这些人，招这些人来要解决企业的什么痛点问题，这些人的到来是否能帮企业提高业绩等，结果是，人招来了，但流动性也很大。

新型的招聘会利用熟人关系、行业协会来推荐候选人，因为熟人会用自己的“背书”做担保，也非常了解企业需要什么样的人，HR也可以很好地配合业务部门，和业务部门多做沟通，了解业务部门的需求，完善职位描述和人才画像，并且主动出击，寻觅候选人。

就是因为传统的招人方式有以上这些缺陷，所以企业HR要从“被动招人”转变成“主动招人”，这将成为企业在“抢人时代”的必然选择。

第六节 | 新的招聘形式

一、激活内部员工，全员招聘

内部员工推荐是效率最高、效果最好的招聘方式，企业可以发动员工给企业物色优秀的人选，毕竟，他们比任何人都了解自己的公司和文化，每次有中、高端职位的空缺出来时，都要第一时间刊登在公司的内刊和网站上，并给员工一定的人才推荐奖励，调动他们的积极性。

二、挖掘外部的人脉

20世纪60年代，美国心理学家斯坦利·米尔格兰姆（Stanley. Milgram）提出并验证了“六度人脉理论”，通俗地说，就是你通过六个人的介绍就能够认识世界上所有的人，并与他们取得联系。脉脉的创始人兼CEO林凡在2017年4月28日的GNLC“云与大数据”峰会上分享时曾提到：他们通过一系列数据及中国整个的人脉网络做了分析，分析结果显示，对于工作两三年或以上的职场人士而言，“99.9%的人可以通过四度人脉认识中国任何一个人，用户借助脉脉庞大的人脉网络就有很大的概率认识马云、马化腾，可见今天人和人之间的紧致程度，要比原来高很多”。企业要广泛调动自己身边的人帮忙物色人选，可以在自己的朋友圈、各种微信群、行业协会、各大论坛中识别人选。

发掘候选人是一个漫长的过程，要运用以上方式网罗人才，编织人才网络，并不断更新自己的网络，把自己网络里的人才分门别类，从中发现高潜力的候选人，并与其建立良好的关系。熟人举荐的策略是要对你熟悉的人进行盘点，看看谁可能认识最好的人选，而不用把时间浪费在不合适的人身上。

三、猎头

猎头是帮忙物色高管的最重要渠道之一，他们能为企业物色到高端的人才，而这些人才将对企业利润产生巨大的影响。当企业开始进行多元化经营、进入新市场、拿下新项目时，人才就会出现缺口，他们就会去寻求猎头的帮助。但是如何用猎头给公司找到顶级人才也是一个问题。猎头在为企业寻觅人才时，也希望能得到企业HR的帮助和大力支持。HR或业务负责人需要定期和猎头供应商开会讨论，使其了解你和你所在的企业，要把他们当成合作伙伴来看待，清楚地给他们讲解职位及企业的架构，让他们彻底了解公司的业务和战略。要和他们形成业务伙伴，多花时间沟通和交流，这样他们才能有针对性地帮企业物色人选，为企业招聘到优秀的人才。

四、清单式人才猎寻

清单式猎寻是最能主动聚焦人才的一种方式。所谓清单式猎寻就是根据企业的用人需求，从目标企业、竞争企业、行业协会等相关单位收集候选人的信息，形成猎取名录，然后逐一筛选，缩小目标范围，明确挖猎对象，进行定向挖掘。

小米的创始人雷军曾说："我用表格列了一个很长的名单，一个个打电话去找。我打了90个招聘电话，7年干到100亿美元。"同时他还分享："其实抱怨找不到人的创业者是因为在找人上花的时间不够，找人是天底下最难的事情。"小米的雷军就是懂得放下身价，能够真诚对待候选人、不辞辛苦，才为自己招来了那么多出色的人才，做出了可观的业绩。

五、新媒体招聘

互联网技术的发展将我们置于一个网络社交的时代，微博、微信、脉脉、抖音等新媒体如雨后春笋般崛起，招聘方式层出不穷，人们变着花样地制作各种招聘文案、用各种标题吸引人们的眼球，传播快、转发率高，帮助候选人快速与企业建立联系，同时也起着有效宣传雇主品牌的作用。

GUIDE YOU TO
BE A GOLDEN
RECRUITER

第八章　如何运用猎头思维运营人才招聘

本章导读

本章阐述了猎头和企业HR服务性质的不同，及其在人才招募上存在的一些共性和差异。这些差异体现在企业找人和猎头找人上出现的主动与被动的区别，以及在运作流程、渠道运用、市场定位、需求理解、信息系统管理、绩效考核等方面存在的差异。

目前，人才竞争异常激烈，如果HR还像以前一样故步自封、高高在上，等待着优秀候选人主动上门，那么只有两种结果，一是坐等老板“批斗”，二是被用人部门“折磨而死”。猎头思维更加商业化一些，有些猎头顾问有灵敏的嗅觉、良好的判断，关注市场信息和行业动态，对行业有敏锐的洞察力，判断趋势的能力强；而企业HR关注的是公司本身，他们精通HR体系和流程，熟悉公司的业务并可以给业务做服务，可以围绕业务提供一系列的服务，为企业内部引进人才，打造一个具有竞争力的组织。

第一节 | 主动性上的差异

企业HR招聘通常比较被动（近年好像有所改善，尤其是在创业型公司和扩张型企业中），只是等着应聘者投递简历，或是在猎聘网、51job、智联等网站搜寻，招聘工作就是筛简历→打电话→发面试通知邮件→安排面试等常规工作，中低端的职位招聘用这种方法未尝不可，但高端人才是不会向贵公司亲自投递简历的，他们也很少会在网站上挂出自己的简历，除非你的企业非常能够吸引对方。在这种情况下，就需要专业的招聘人员主动“捕获”人才。

猎头找人则很主动，在猎头接到招聘需求后，首先会潜心分析职位描述（JD），了解用人单位的企业背景，摸清企业所提供的职位，同时还要了解用人单位的企业文化、用人理念、组织架构，以及能够给予招聘职位的权利、责任与发展空间，还有薪酬范围，等等。在深入了解用人需求之后，如果发现企业在吸引人才方面存在缺陷，猎头公司还会提出合理的改进建议。

在快速了解企业的情况后，猎头会根据招聘需求，结合市场情况，搞清楚要找的人分布在哪里，做人才地图、锁定目标公司、搞清楚目标公司的组织架构及要搜寻的候选人在组织中的位置。在锁定目标人才和清晰职责范围以后，猎头会马上通过电话沟通、打陌生电话（CC），或熟人推荐等方式，主动联系与吸引人才。

第二节 | 运作流程上的差异

猎头：一个完整的猎头流程包括，开发客户→签订合同→和HR沟通职位→分析职位→锁定目标公司→候选人寻访→推荐面试→跟踪维护→谈薪酬→背调等几个大步骤，他们交付的效率取决于企业HR的专业度，如果企业HR足够专业、能把公司的职位需求清晰地告诉猎头，猎头则会很快推荐合适人选。

然而，企业HR负责人琐碎的事情太多，内部流程烦琐，通常要花一大半的时间在系统和流程上，候选人往往会卡在某一环节上迟迟无法推进工作，最终导致候选人流失。

我拿E公司举例，他们的HR流程就很烦琐：编制确认→职位编号创建→招聘信息发布→简历筛选→人力资源面试→测评→笔试→用人部门面试→情景面试→终试→上会讨论→薪酬沟通→背调→入职体检→办理入职。

此外，E公司的测评、背调和入职分属于不同的部门，看似“多权分立”、相互监督，但常会由于繁复的流程导致候选人的流失；有些流程看起来非常正规，专业的面试环节，但这些流程不但不能吸引候选人，反而可能使候选人产生反感、抵触的心理。

举例 交付副总裁

2018年5月初启动面试，在通过集团的442111的面试流程后（4轮面试、4轮测评、2轮情景面试，其中一次是智享会——类似头脑风暴，首先是1分钟的自我介绍，之后招聘官会根据企业价值观、用人标准、待招岗位情况等提出5个至6个相关问题讨论，候选人作答，不能超过2分钟，回答要言简意赅，整个智享会环节不分回答的先后顺序，综合评判候选人的胜任能力，时长1至1.5个小时，还有1轮1次聘用与晋升委员会上会讨论，1轮全方位背调），已经到了7月中旬，然后由两家公司进行交叉背调。第二家公司进行背调时又反复问候选人要他的上级、平级及下属的联系方式。候选人急了，尽管顺利通过背调、薪酬确认，企业向他发出了录用通知书，但因为拖得时间太长，候选人放弃入职，而我们前期所做的工作也随之付诸东流。

第三节 | 渠道运用上的差异

企业对自身最大的制约在于寻访候选人的渠道过于单一，他们多数只能依靠招聘网站、人才市场、朋友推荐等比较狭窄的渠道。

但猎头的渠道则比较丰富，除了运用网站，他们还会“主动出击”，打CC（陌生电话）、参加各种论坛和行业协会等。尤其重要的是，他们拥有强大的人才库，一些成立了十几年、二十几年的猎头公司本身就拥有强大的人才库。猎头们在平时的工作中，尤其在没有合适职位推荐候选人时，还会收集相关行业信息，与自己的人才库互动。他们会对自己联系过的候选人定期跟踪、回访，掌握候选人最新的职业动向；经常与候选人进行日常互动，可讨教、可交流、可分享，增进感情，而不会将人才晾在一边，等想起来再联系，因为这时他可能已经不记得你是谁了。

为什么企业里本身也有自己的人才库，但在操作职位时却总是无法成功？原因就在他们过于依赖人才库，但他们的人才库是静止的，“广告能引来大量简历，但却引不来最合适的人”。猎头不仅要维系客户一端，还要保证与候选人的亲密关系。

第四节 | 对需求理解上的差异

无论是内部还是外部的人才招聘，在为企业进行人才招聘时，必须关注与平衡两个终端的需求：一方面要把握企业客户端的需求——这通常需要招聘顾问从企业所属行业、公司内部运营、部门业务运作以及岗位具体工作等方面分析；另一方面要进行人才端的需求与评估，即招聘顾问要主动联系人才、吸引人才，了解人才的需求，并初步评估人才与企业岗位胜任标准的匹配度。

在对待需求方面，企业和猎头之间存在着一定的区别。

企业：清楚需求发起的具体原因、熟悉企业人员架构、了解企业文化、清楚企业期待该职位的候选人能帮助企业解决的问题。最大的优势是明白岗位需求、重视岗位匹配度，猎头推荐过来的人，经过企业的面试能够很快确认该候选人是否合适该岗位，其与企业的文化是否匹配、其与公司的环境是否适应等。

猎头：对企业的了解比较片面和浅显，猎头了解很多行业，也能从网上搜寻到很多信息，但他们毕竟在企业外部，对企业内部的信息了解得并不深入，大多数时间只是在针对职位做搜寻，并不能深挖需求的本质（特别专业的猎头顾问除外）。

举例 搜寻系统集成副总裁

太阳能行业对这个职位的定位与其他行业不同。系统集成有做前端（售前）的，也就是产品应用开发、电池、组件等，也有做售中的，如做项目设计、EPC工程、实施等，还有做终端（售后）的——为系统集成做产品方案的设计及提供系统解决方案。而E公司要找的恰恰是做终端的，即给系统集成做解决方案的人选。

如果对职位定位不准、概念模糊，就会在搜寻上浪费大量的人力和时间，而推荐的人选一定也不尽如人意，压力也比较大。但如果一开始就做好职位分析、向企业HR了解该职位产生的原因、从哪里能找到该人选、希望招来的候选人能给企业带来什么、要求他达到什么效果等，就会事半功倍。

第五节 | 对市场了解上的差异

猎头：所谓“术业有专攻”，专注和精细。猎头对市场的了解程度远远高于企业HR，对于专业问题以及细分行业的各类公司、各类职位了如指掌，即使没有企业提供的任职资格要求等，也能大致清楚职位的工作内容与人才的需求标准，因为他们每天做的就是人才寻访，会接触各种各样的企业，因此对各种企业内部的职位了如指掌。

做得好的猎头公司还有不同的市场细分领域，每个领域由不同的顾问负责，形成一个团队，按行业和职能来分。比如：制造、快消、能源、金融、医药、房地产、互联网等；细分到不同职能，比如：HR、财经、法务、IT、战略；也有专门做高端职位的，比如：COO、CEO、CFO、VP等。所以，当猎头收到企业的职位需求时，自身的人才库里或许就有现成的人选。通常，猎头拥有足够大的人才库，他们也会运用一些专业的方法涉猎各种网站、行业论坛等，同时也能寻求到与该领域相关的人的推荐，与企业的匹配度相对会高一些。好的猎头公司除了推人速度快之外，还能保证人选的质量，原因就是他们对市场的理解。

企业：大多数企业HR对市场缺乏了解，对细分领域更是一头雾水，他们的渠道单一、招聘过于程序化。虽然他们也会从企业的人才库中筛选简历、会到各大网站搜寻简历等，但由于对人才库没有定期维护，往往缺乏活跃的候选人，导致花费大量时间筛选出来的简历与职位需求匹配度不高，还会因此引起用人部门的不满。

此外，人才市场不断扩大，人力资源部深陷在简历的“海洋”中，这些简历往往来自一些急于找工作的人，但他们的能力可能远远达不到企业的期望。优秀的高管基本不会看网站，很少把自己的简历挂在网上。因此，企业HR采取一般招聘方法可能无法找到符合企业需求的简历，即使偶尔出现个别符合企业要求的简历，可能又会因为薪酬问题谈不拢而错失高端人才。

第六节 | 信息系统管理上的差异

猎头：常年维护自己的人才库，并将各种简历分门别类，甚至按照年份、行业、职能、职级等划分，也会定期和候选人互动，更新简历信息，这样在企业需要候选人时就可以马上检索出来。

企业：人才库庞大，但不知道如何管理，各种简历堆积如山，检索效率低下，需要候选人时仍然找不到与岗位匹配的简历，还是需要动用猎头。

第七节 | 绩效管理方式上的差异

猎头：相对于企业HR来说，“狼性”更多一些，他们都是“自己给自己发工资”，采取的是“底薪+提成”的工资模式。通常，猎头公司会根据不同的职级定底薪，完成的部分可以拿额外的提成，做得好的猎头顾问年薪能到百万元，这也是刺激他们努力的一个重要方式。

企业：招聘人员干好干坏都一个样，他们拿固定的工资，这就养成了他们被动的习惯。现在，也陆续有企业开始对企业HR实行积分制考核，就是设计每年需要完成的招聘任务指标，超额完成的可以拿到额外的奖金，完不成的则会扣掉一部分工资。这样的积分制会让企业HR有种危机感，但可惜的是，这种制度在大多数企业只是流于形式。

第八节 | 招聘官如何与猎头pk价值

从甲方、乙方的关系来看，猎头提供的就是猎取人才的服务，带有销售性质，而企业HR应该可以借助猎头提升公司人才的质量与到位速度——当然，前提是你遇到的猎头足够“靠谱”、能力出众，最好找一些成立时间比较久的猎头公司合作。

要想通过常规招聘与猎头招聘pk，企业HR需要将常规招聘做“精”和做“细”，在招聘方式的选择、流程的简易化及留人环境的改进上要多做思考，做好人员的筛选与面试。除此之外，企业HR还要“走出去”，多参加一些行业论坛和展会，与优秀人才建立联系，要懂得建设系统化的资源圈子，围绕大牛人和领军人物构建影响力、建立圈子——现在注重的是同行圈、同业圈而不是同事圈。

招聘工作没有捷径可走，唯有不断地拓展自己的人脉，持续地跟进候选人，敏锐地根据公司业务发展重点方向提前储备人才，同时经营好自己的个人品牌和雇主品牌，才能达到事半功倍的效果，才能满足企业的用人需求。

GUIDE YOU TO BE A GOLDEN RECRUITER

第九章 评价中心技术

本章导读

本章介绍了常见的一些评估工具，如公文筐测试、无领导小组讨论、智享会等，并结合案例给出了各种工具的运用方法和优缺点。同时，介绍了一些测评工具（如SHL、Hogan）的运用并分析了它们各自的优缺点，得出评估工具智能印证判断但不能代替判断，更不能作为一票否决项的结论。

评价中心理论基于对人的行为、能力、绩效等素质特征的观察与评价，把测评一个人的素质纳入一定的环境系统中，观察、分析、评定被测试人的行为表现以及工作绩效，考查其全面素质。基于这种理论，人们逐步形成和发展了现代人才测评的新方法。

第一节 | 基于选拔的评价中心技术

通过一两次面试或模拟的情景考核人的潜质和素质是比较难的。我们非常容易通过简历、言谈去了解候选人过往的知识水平、专业深度和性格特点，但却难以了解候选人内在的动机、对专业知识了解的深度，以及是否能把过往的经验用于实践中等。因此，在中高端的面试中，我们要通过一系列方法去考核他们。因为人是具有一定的伪装性的，因此我们就要借助一些面试工具，如公文筐测试、无领导小组讨论、智享会、角色扮演、沙盘模拟还有评鉴中心（如DDI的领导力素质测评）等。

由于角色扮演和智享会、无领导小组讨论在某种程度上来说比较接近，在此着重介绍公文筐测试、无领导小组讨论和智享会。

第二节 | 公文筐测试

这是测试评价中心的一种测试方法，常被用于对高管人员能力的测评，也称公文测试、提篮练习、文件筐测试等。

操作方式就是将被测试人置于特定职位或管理岗位的模拟环境中，由主试者提供一批该岗位经常需要处理的日常文件或紧急邮件等，让被测试者在规定的时间和条件内处理这些事务，并且还要以书面或口头的方式解释说明这样处理的原因和理由。

公文筐测试主要考查被测试者是否能区分事务的轻重缓急，是否能有条不紊地处理事情、根据事务的紧急程度请示上级或授权下级，并同时对测试者的组织、计划、分析、判断决策、分派任务等能力进行检测和考查。

公文筐测试是评价中心最常用的方法之一，优势主要体现在以下几个方面：

1. 测试环境无限接近真实的工作场景。为什么是“无限接近真实”呢？因为这些模拟环境就是实际工作中曾遇见的真实情况，我们把它提炼和总结出来做成测试题目，呈现给被测试人，比较能反映被测试人的真实水平。

2. 可以根据该岗位候选人所需要具备的一些特定的能力和素质要求，有针对性地增加一些特殊的工作事件。

3. 可以人为地把一些貌似不相关的工作融合在一起，制造一些冲突，通过被测试人对突发问题的处理，考查其对突发问题的应急处理能力——这种能力是在结构化面试和笔试中所无法体现的。

4. 被测试人和主试者之间不产生直接的沟通与交流，有利于主试者更加冷静、客观地对候选人的行为作出评价。

5. 公文筐测试有利于在较短时间内通过真实案例反映被测试人的整体素质水平。

其缺点主要体现在以下几个方面：

1. 对主试者的能力素质要求高，要求其能够鉴别出被测试人在处理以上事务中的能力水平。

2. 主试者的评价标准不容易形成统一意见；每个主试者都有自己的行事方法。

3. 因为重点考查的是在较短的时间内，被测试人对各项工作的统筹协调能力，因而对于其在本岗位专业知识的深度上的考查难免比较弱。

4. 人力和时间成本较高（题目设计要有深度，专业人士要认真深入地思考各个工作之间的相关性等）。

适用范围：适用于企业对中、高层管理人员的有针对性的选拔或对现有管理人员的考核中。

举例 人力资源总监的一天

1. 背景信息

人力资源总监入职一个月，对公司的组织架构、人员构成和职责都已有所了解。

2019 年 4 月 9 日，他的时间像往常一样被安排得满满的：要谈人员解聘的事情、人员招聘面试、要完成人力资源月报、做人工成本分析，还要开会讨论该报告、应对投资商的尽调、和供应商谈判，同时还要与培训部门的负责人谈培训计划的制订，还要和某个技术部门沟通人才招聘会议等。

问题情境——突发事件：突然，在上午11点时，有两个事业部的负责人因为项目成员分工的问题发生冲突，需要人力资源部负责人调和。

2.考查方向

考查被测试人处理日常业务和应急的能力，看候选人是否能分清事情的轻重缓急并能有条不紊地处理；同时还考查被测试人处理突发事件的能力，看被测试人是否能高效地在一天完成这些日常事务，并且游刃有余地处理这些棘手的问题。

第三节 | 无领导小组讨论

由一组被测试者组成一个临时工作小组，小组的人数一般以5个至6个人为宜，主试者只下达任务但不指定任何负责人，要求小组成员就指定的任务进行自由讨论，并拿出小组决策意见。

主试者给出一个设计好的主题情境或商业案例，以此来考查被测试人的胜任力，要求其与其他小组成员进行深入讨论，并相互协调、互相碰撞、争论、集体决议，直至达成一致意见。考查的能力包括有效沟通能力、领导力、分析思维、战略思维等。这个小组是临时拼凑的，并没有明确谁是负责人，目的是考查被测试人的临场表现，看谁会胜出。

举例 财务问题

被测试人作为某食品公司的高级顾问，要帮助公司解决两个问题：第一，该公司的一个分支机构由于财务管理混乱，出现了资金流失问题；第二，根据该公司的财务状况和市场调查报告，决定是否应该扩大生产规模，以及怎样筹集扩大生产所需资金。主试人给出了该公司的各种财务资料和其他有关信息，要求被测试人提出解决问题的办法和方案，并分别在8分钟内进行口头说明。然后将被测试人分成小组进行讨论，最后形成小组统一的建议报告，并在5分钟内选出小组代表，向主试人陈述最终的结果。

无领导小组讨论背景：

1.解题——此案例中的问题是什么？

（1）财务管理混乱，出现资金流失，资金流失产生的原因是什么？浪费、转运的时间周期长、食物产生腐烂等，要分析资金流失的根源是什么。

（2）扩大生产带来的资金需求从哪里解决？

2.这个案例所提到或隐藏了的、企业所面临的困难和风险是什么？

财务混乱——利润率下降，企业就不能给员工提供更高的薪酬待遇，会造成人员流失；扩大生产——产品供不应求，当市场有需求但我们无法满足时，就会带来客户流失，就会把更多的市场空间让给竞争对手，导致企业的行业竞争力持续下降；食品行业技术壁垒低，拼的是品牌和交付，可是公司的产能遇到了“瓶颈”。腐败——职务侵占。

以上这几点都是需要被测试人在无领导小组讨论中呈现出比较科学的解决方法。

3.希望被测试人做什么样的“规定动作”？

阐述资金流失问题产生的原因和筹集资金的办法，并且制订一个行动计划和解决方案。

4.需要被测试人协调哪些部门和资源？

人力资源部、生产部、计划部、供应链和风控部。

5.希望达到什么样的效果？

搞清资金混乱的源头问题，制定一系列财务制度。

阐述资金筹集的渠道和方法，不管是银行借贷还是民间借贷，都需要提供一些建议。

无领导小组的考查要点如下：

1. 组织呈现。他们在无领导小组中将扮演如下角色：领导者、监督者、观察者、参与者，至少有5人至7人参与讨论。

2. 对观察候选人的评价。在讨论的过程中，有些人思路清晰、反应敏捷，另一些人在过程中对风险把控比较关注，还有一些人目的性很强，过程中，只要不违反法律，都可以灵活变通，在讨论过程中可以展现出人的特性或他们所担任的角色，主试者要从中考查他和我们岗位的匹配程度，来判断他是否和我们的岗位需求相匹配。

3. 结论判断。如果被测试人表现出很好的洞察力和风控意识，而我们的风控总监需要的正是具有这方面素质的人，那么这个人无疑与我们的岗位需求相匹配；如果我们要找的是技术岗位的人，但在无领导小组讨论过程中，被测试人表现出来的较强的能力是组织和协调能力，那么即便他在讨论过程中表现得很出色，我们也仍然不会录用他。但我们可能会将其放入企业人才库里，并注明：如果未来公司有合适他的岗位，就可以约他过来面试。

4. 题目设置具有开放性。无领导小组讨论在题目的设置时要有相对的开放性，以便被测试人发挥特长。题目设计者要去分析、总结、提炼和预判可能产生的一些问题，题目要有一定深度，对设置题目的人选有一定的要求。

5. 评委的选择。要对本岗位或相关岗位相当熟悉，在公司里也要是一位比较资深的人，评委对于我们所需要的人员的素质模型要有一个清晰的认知。

6. 评估表。对于最终人选的确定和评价要有一个翔实的记录，换句话说，就是对候选人要有评估表。

无领导小组讨论一直在被广泛地应用，它的优缺点如下：

优点是：

1. 可测出笔试和个人面试中所不能测出来的综合能力、素质。

2. 能看出被测试者无意间显露出来的个性特点，也能通过他们的讨论感受到被测试者的领导风格和人际交往能力。

3. 能展现出赛马场效应，识别出有潜力的千里马。

缺点是：

1. 人为的因素比较多，受主观判断的影响大。

2. 测评题目的水平会直接影响对被测试者的全面与准确的评价。

3. 对主试者的评分技术要求比较高，主试者必须是接受过专门培训的人。

4. 角色指定的随意性强，可能导致结果的不公平。

适用范围：能在非技术、技术、管理和其他专业领域内广泛应用。

第四节 E公司的智享会

E公司对中高端候选人采用智享会的模式招聘。智享会类似头脑风暴，通常由5位至7位候选人组成小组，有一位主持人（初试由招聘总监担任、终试由HRVP担任）、三位招聘官（招聘总监、HRVP）。首先是简单介绍公司，接下来给每位候选人1分钟的时间介绍自己。然后是主题分享时间（根据职位事先拟定智享会的主题），给被测试人5分钟时间阅读资料和独立思考，并简要记录答案及思路；然后直接就讨论主题进行集体讨论，时间是1个小时。讨论结束后，由每位小组成员就讨论的话题表达感想，时间不超过3分钟。

智享会不是面试，招聘官不会问候选人的毕业院校、工作经历等个人信息，只是就与职位相关的话题进行讨论，从而观察被测试人的表现。

在智享会中，回答不分先后，招聘官要综合评判候选人的胜任能力，时长1至1.5个小时，它和无领导小组讨论有几分相似。

举例 E公司给“首席客服官”的智享会

首先对E公司进行简单介绍，接下来，每位被测试人有1分钟的自我介绍时间，然后进入主题：角色、服务、客户满意度（通常由与该职位相匹配的业务部门负责人来出题），以下是主题讨论的问题：

1.请简要阐述作为客服代表，对于自己在研发项目组中的角色和职责是如何理解的？

2.请结合HIPD研发流程，重点阐述作为客服代表在研发的不同阶段应该发挥怎样的作用来帮助产品总裁交付完美的产品？

3.结合上述内容，综合自身工作以往的经历和经验，阐述自己与所参与项目的角色符合性。

最后一个环节是“要求”：

1.您有5分钟时间进行资料阅读和独立思考，并简要记录答案及思路。

2.请就讨论主题进行集体讨论，时间1至1.5个小时。

3.讨论结束后，请每位就今天的讨论感想进行陈述，时间不超过3分钟。

通过这种层层递进的方式结束智享会，同时从中选出3位至4位或1位至2位参加董事长的单独面试。在智享会的主题讨论中，每一轮精彩讨论都有不同的出彩人员，开始比较出彩的人，或许在接下来的几轮激烈讨论中会逐渐黯淡下去，还有一些人比较慢热，开始时有些静默，但是他们会慢慢进入角色，一旦进入角色就变得异常活跃，这时往往还需要主持人控场。另外，还有极少数人见到董事长会有紧张情绪，说话都有些磕巴，这样的被测试人无疑不适合做高管，在智享会这个环节会被淘汰。智享会还会暴露每一个被测试人的行为瑕疵，如晃动身体、转笔头、挠头等，这些不良行为都会影响他们在智享会中的表现。

E公司智享会的优缺点如下，优点是通过智享会，可以考查被测试人的语言组织能力、逻辑思维能力和现场应变能力——如果是一对一面试，候选人可能会迎合招聘官说一些话，也容易粉饰，有些问题他们自己提前会去准备，甚至会有专门培养“面霸”的机构去教授候选人如何参加面试，来蒙蔽招聘官。但是智享会不一样，在那么多人在场的情况下展现自己，是需要有几把刷子才行的。它对被测试人的临场应变力和知识储备有很高的要求，通过这个环节，招聘官能了解被测试人的沟通能力、逻辑思维能力及过往的项目经历是否符合企业的职位需求、是否和公司价值观相匹配等。

当然智享会有一个致命的缺点，就是人选太多，齐聚一堂，安全系数太低：把5名至7名被测试人放在一起，而且是同一职位的，非常容易暴露被测试人的身份——毕竟大家在一起参与讨论，会泄露一些信息，绝大多数高端人才是不接受这种方式的，尤其是特别优秀的被测试人才更不会接受这种方式，我们可能因此错失我们想要的人才。此外，准备题目和人选的材料也需要花费很多的时间和精力；招聘官还会根据自己的主观偏好引导候选人，对他们回答的结果会产生一些影响。

适用范围：中端的管理者会更合适一些，E公司在推行智享会半年左右后发现了它的一些弊病，之后就停用了。

评鉴中心，如DDI的领导力素质测评中心，是一个纯粹的情景模拟中心，它把在工作中可能面临的不同场景表现出来，如对上级如何汇报和沟通、对下级如何授权、指导和培养，及在公共场合的发言等。它把这些集中在有限的时间内（如6个小时）让被测试者完成，从而考查其综合领导力。但这种方式的成本高昂，不仅价格昂贵，时间还很长，最长需花6个至8个小时，最少也不能低于5个小时，而且具备现场测评条件的国家和城市也很有限，只有美国纽约、英国伦敦、法国巴黎、日本东京和中国的香港、上海、广州、北京几个城市才有。

综上所述，评价中心的技术并不是越多越好，而要针对不同企业的特点和所处的不同阶段，及企业人员情况的现状，灵活运用这些面试方法，从而达到事半功倍的效果。

第五节 | 测评工具的种类、运用和分析

在线测评是建立在行为科学、心理学、管理学及计算机等多学科的基础之上，由专业的测评产品和服务供应商开发研究的一种标准化的人才评估方法。在线测评的方式多种多样，根据职位、职级及不同行业来做不同的测评，它能辅助招聘官考查候选人一些隐性的能力，如心理健康因素、职业风险，还有价值观匹配度等，并对个体特质表现、个性特征、行为风格、职业倾向、发展潜力、动机等进行综合测试。

在线测评的优势就是方便大规模测评、可快速生成报告，根据这些报告给候选人提出的建议及职业方向帮助招聘官进行判断，可以省去大量的人力、物力，且可以根据各公司的情况进行定制。以下介绍：SHL、北森、Hogan等几家测评。

一、SHL

SHL从三个方面来考查候选人：MQ（动机）、OPQ（性格）、Varify（认知能力），再通过这三个测试组合生成其他的全面胜任力报告（UCR），如销售胜任力、通用胜任力报告等，用于选拔、考查和评估被测试人的水平和能力。

能力测试Varify（认知能力）可快速、高效而安全地识别高素质

人才。该测评能客观地衡量应聘者解决问题和批判推理的能力，并能有效预测其未来工作成功的可能性。SHL有多种形式可供选择，适合所有行业和职级，测评种类包括：数学、语言、归纳、检查、计算、阅读和机械理解测试，许多测试亦支持纸笔形式。

二、北森

北森的测评分为两个模块：自适性测试和性格测试。传统的智力测试都要测试100多道题，而北森的自适性测试只测试十几道题，就能给出一个合理分数，测试分成四个维度；性格测试与SHL相似，通过性格推导被测试人今后能力的高低等。

三、Hogan

是一套专业的、专注于性能相关行为的个性评定工具，被誉为第一个专门针对商业组织应用的人格测量工具。1987年，这个测评体系的开发者与Joyce Hogan合作成立了Hogan Assessments，直至今天，仍在为众多企业和组织提供针对人格的测评服务，尤其是领导力方面的测评。通过分析潜力、挑战、价值观等信息，让领导者清楚地了解他们的工作表现和核心驱动因素，并为他们提供战略层面的自我认识，令良好的领导变成伟大的领导。

第六节 | 在线测评的优劣势分析

一、优势

1. 客观性强。标准的测验是以数据驱动、以统计学为基础的，有较强的科学性，并辅以严格的施测方法和专业的防伪措施，具有较强的客观性。

2. 可直接对比分析。测验有常模做对比，可以进行个体间的比较，利于选拔、评价，同时也可以进行不同时段的前后跟踪对比，用于个体的发展。

3. 多角度评估。根据不同的测验内容，可了解被测试者在能力、潜力、动机、价值观等多方面的情况。如SHL的MQ、OPQ和Varify。

4. 方便快捷。采用计算机技术，测验报告的生成较为快捷，能及时高效地提供测评结果。

二、缺点

1. 成本较高。心理测评属于专业技术，科学性要求高、开发周期长，相应地，费用也较高，如Hogan测一次，费用上千元。

2. 专业性强。对测验结果使用者的要求高，需要使用者具备一定的专业知识和技能，且需要经过认证和严格的训练。

3.间接测量。报告结果需要经过其他方法的校正方可进行强应用。

第七节 | 独特的报告解读能力

本章的人才评价中心里运用的这些在线测评是对候选人的未来潜力素质的一种考核，运用大数据手段来考核员工的胜任力，通过这些数据把尺子和标准定下来。这些测评工具的可信度和有效性还是受到广泛认可的，我们在考核候选人的胜任力时，不再像过去那样仅靠单一的测评来考核一个问题，而是从多个维度对一个问题进行考核，从而起到相互较量的作用。

要想成为优秀的招聘官，就需要具有解读报告的能力，从而有效地提升公司应用测评工具的精准度，避免由于机器测出的结果"不实"而减弱招聘官的识人能力。要想科学地解读一份测评报告，招聘官需要深入地了解测评报告背后的原理，了解每个测评因子预测的能力。

招聘官在分析、解读报告时，应根据候选人应聘的不同职位和职位的特点来解读。测评没有好坏之分，只有"适合"和"不适合"之分，招聘官需要结合面试、背调等信息进行综合判断。测评报告得出的结论不好，并不代表候选人就不好，要辩证地去看测评，不能一票否决。

测评一般都是在通过初测后进行的，这样不仅可以佐证初测的判断，也能使复试的招聘官对候选人有更加精准的判断。

举例 某公司候选人的SHL报告

在解读候选人的报告之前，我想把SHL的测评给大家做一个简单的介绍，以便大家更好地理解。

SHL常用的测评产品有动机测验（MQ）和职业性格测试（OPQ）。

动机是职业成功背后的驱动力，它决定了人会为什么而努力、会投入多少精力，以及在什么情况下会得到工作满足感。从动机报告中可以看出候选人的内驱力、人际影响、内部刺激、外部刺激等因素的情况及影响程度，也可以看出他的工作积极性等，同时可以区分对该候选人来说，哪些是激励因素、哪些是负激励因素。

职业性格是人在工作中的习惯化行为偏好。性格测验报告从人际关系、思考模式、情感与情绪3个模块、9个方面，共32个维度对被测试者的偏好或典型的行为方式进行评定。

全方位胜任力报告（UCR）则是诸多心理学家通过多年研究，将OPQ中的32个维度进行组合搭配，最终与20项胜任力联系起来，形成胜任力报告。

下面结合例子来看这三个报告的具体内容。这是从三个维度进行测试的样板报告，该候选人应聘的是管理岗位。

一、MQ（动机）样例和解读报告

表 9-1 某公司候选人的 SHL（MQ）测评报告与解读

SS 内驱力		维度	1	2	3	4	5	6	7	8	9	10		R S
10	喜欢没有时限、压力的工作。不喜欢被催促工作。	积极性 (E1)										■	主动投入精力。不怕压力。始终贯彻目标。自主进行工作推进。	32
6	寻求适度而非巨大的挑战。不太在意目标实现与否。	成就 (E2)						■					需要实现目标。会努力克服各种困难及挑战。	34
7	不愿意在竞争环境中工作。对超越别人不感兴趣。	竞争 (E3)							■				试图做得比别人更好。与他人比较会激发更好的表现。	35
9	遇到批评和失败更容易放弃而非更加努力。	求胜心 (E4)									■		需要成功来保持自尊。哪怕遇到失败，仍然保持进取。	39
6	不追求权力、影响力和权威。	权力 (E5)						■					需要更大的影响范围和行使权力的范围。当未被赋予重任时会变得消极。	31
8	不喜欢工作渗透到生活中。	事业心 (E6)								■			积极参与。工作全神贯注。乐于在常规工作时间外执行任务。	24
5	不喜欢过分强调金钱和利益。	商业意识 (E7)					■						喜欢创造财富和利润。当工作与收入无关时可能泄气。	29

续表

人际影响		1 2 3 4 5 6 7 8 9 10		
8	与他人的沟通互动需求比较低。	互动 (S1)	能够主动与他人沟通，帮助他人，试图促进团队和谐。	35
4	无须他人认同。对别人的赞扬和祝贺无动于衷。	认可（S2）	喜欢在做好工作后得到别人的认可。失去别人的支持可能会泄气。	29
7	不关心道德、伦理问题或工作质量。	自我价值观 (S3)	需要感到组织和业务是道德的。当遇到需要对工作质量进行妥协时可能产生负激励。	33
4	不介意风险因素。对工作氛围、环境等感受或方便与否不介意。	工作氛围 (S4)	对工作和职位的愉悦性、安全性要求高。希望在更为舒适、便捷、愉快的环境中工作。	29
6	不介意是否有新的学习和自我发展机会。	自我成长 (S5)	对可以提供发展和获得新技能机会的工作非常感兴趣。	36
内部刺激		1 2 3 4 5 6 7 8 9 10		
8	不在意工作的趣味性和多样性。	趣味性 (I1)	喜欢刺激性、多样化、有趣的工作或任务。太多的“机械性”工作容易对他产生消极影响。	35

续表

10	喜欢明确、条理性显著的工作。不太能容忍模糊的工作定义。	灵活性 (I2)	喜欢动态的、非强制性的工作环境或内容。不介意模糊定义的工作。	27
4	乐于听从指令及接受督导。	自主 (I3)	喜欢用自己的方式独立工作。过分的监督会造成工作消极。	27
外部刺激		1 2 3 4 5 6 7 8 9 10		
6	较少关注工作带来的金钱利益。	物质奖励 (X1)	将物质回报与自身努力紧密联系。当遭遇不公平对待或者薪酬低下时会造成负面影响。	32
4	对升职不太感兴趣。职业发展前景是否良好并不重要。	事业发展 (X2)	事业进步、地位提升非常重要；过慢的升职会带来消极影响。	31
7	认为职务级别和职位不太重要。地位身份并不重要。	地位 (X3)	关注职位和在组织中的地位。当无法获得他人的尊重时会感觉低落。	33

表9–1中最右边一列的数字是原始分数，通过转换形成最左侧一列的十分制分数，从而方便不同被测试者之间的比较。

从这位先生的动机报告可以看出，他是一位内驱力比较强的人，在这个维度下，他所有的分数都在5分以上，他的积极性得了10分，说明他是一位能主动投入精力、不怕压力、始终贯彻目标、能自主进行工作改进的人，同时他也具有一定的竞争意识，试图做得比别人更好。他会希望公司能赋予其一定的权利，因此，还要考查他的人际关系能力，比如员工是否愿意服从他的领导等。答案可以在下面的OPQ（性格）和UCR（全方位胜任力）的报告样板里面找。

二、OPQ（性格）样例和报告解读

表 9-2　某公司候选人的 SHL（OPQ）测评报告与解读

	人际关系	1 2 3 4 5 6 7 8 9 10		
6	不喜欢推销或谈判，很少试图改变他人的看法。	有说服力的	喜欢推销，与人谈判时轻松自在，喜欢改变他人的看法。	影响
7	喜欢让别人做领导，不喜欢指挥他人，不愿意主导局面。	有控制意愿的	喜欢做领导，喜欢指导他人，喜欢主导及控制局面。	影响
6	控制自己不去批评他人，可能不会表达自己的看法，不准备提出个人意见。	直率的	敢于表达个人意见，可以清晰地提出反对意见，勇于批评他人。	影响
4	接纳大多数人的决定，愿意遵从共识。	想法独立的	喜欢按照自己的方式行事，敢于不遵从多数人的决定。	影响
5	在群体中较沉默寡言，不喜欢成为别人注目的焦点。	外向的	活跃于群体中，健谈，喜欢受人注目。	社交
7	享受独处，重视个人独处的时间，很少需要他人的陪伴。	合群的	喜欢与人为伴，享受团队工作，没有同伴时或许会感到寂寞。	社交
4	在较不正式的社交场合中感觉比较自在，与人初次见面会感到局促不安。	社交自信的	与人初次见面时感到轻松自在，正式社交场合中能够泰然处之。	社交

续表

6	让别人知道自己的优点与成就，谈论个人的成功。	谦虚的									不喜欢谈论自己的成就，绝口不提个人的成功。	同理心
8	决策时无意咨询他人，比较喜欢独自作决定。	民主的									作决策前广泛地咨询并让别人参与，较少可能独自作决定。	
7	选择性地关心及同情他人，不关心别人的私人问题。	关怀的									体贴及同情他人，热心帮助并支持别人解决困难。	
思考模式		1	2	3	4	5	6	7	8	9	10	
8	与处理事实或数据相比，更喜欢分析意见或感觉，可能避免运用统计数字。	数据推理的									喜爱分析统计性的资讯，根据事实及数据作决策。	分析
9	不会专注于潜在的限制，不喜欢批判性地分析资料，很少寻找毛病与错误。	批判性分析的									批判性地评估资料，寻找潜在的限制，专注于找出错处。	
6	不会深究别人行为的动机，不喜欢分析他人。	分析的									尝试了解别人的行为及动机，喜欢分析他人。	

续表

5	喜欢工作方法有变化，较喜欢新的方式，较不传统。	传统的	喜欢固有的方法，喜欢以比较传统的方式去做事。	创意与变化
4	较喜欢处理实用性问题，而非理论性问题，不喜欢处理抽象的概念。	抽象的	对理论有兴趣，喜欢讨论抽象的概念。	
6	喜欢在现有想法上发挥，而非产生新的想法。	创新的	产生新的想法，乐于有新的创意，设想具有原创性的解决方案。	
6	喜爱规律，不介意刻板重复性的工作，并不寻求变化。	追求变化的	寻求多变，喜欢尝试新事物，喜欢在日常工作中寻求改变，对刻板重复的工作感到沉闷。	
5	在各种情境下行为一致，不会因不同人而改变行为。	能适应的	喜欢改变行为去适应各种情境，对不同的人采用不同的方式。	
6	较着重眼前而非长远的问题，较少采取战略性的观点。	战略性思考的	以长远的看法，设定未来的目标，更有可能采取战略性的观点。	组织
9	不容易关注细节，做事较没有系统与条理性，不喜欢琐碎的工作。	对细节敏感的	喜欢有条不紊、有系统及有条理地工作，可能会非常关注细节。	

续表

9	认为工作完成限期是有弹性的，能够接受工作滞后的情况。	认真负责的	专注于如期完成工作，坚持直到工作完成。	
5	不受规则与程序的约束，准备打破成规，较不喜欢官僚制度。	遵从规则的	遵从规则，喜欢有清晰的指引，不喜欢打破成规。	
情感与情绪		1 2 3 4 5 6 7 8 9 10		
4	容易感到紧张，难以放松，下班后觉得难以缓解紧张的情绪。	轻松的	容易放松，很少感到压力，通常较为平静与无忧。	情绪
6	在重要时刻来临前感到平静，较少受到重大事件影响，不会焦虑不安。	忧虑的	在重要时刻来临前感到紧张，担心事情会出错。	
6	敏感，容易因别人的批评而受伤，受到不公平批评或侮辱时会感到不舒服。	意志坚强的	不易被伤害，能不理会别人的侮辱，可能对他人的批评不敏感。	
7	担心未来，认为事情会向坏的方向发展，容易关注事情的负面。	乐观的	认为事情会往好的方向发展，容易关注事情的正面，对未来抱有乐观态度。	

续表

6	对别人的意图有所警戒，较难信任别人，不容易被人愚弄。	信赖的	信赖他人，认为他人是诚实可靠的，容易相信别人的说话。	
5	公开表达情感，很难隐藏感受，清楚地表露情绪。	情绪控制的	很少表露情绪，喜怒不形于色。	
7	喜欢以平稳的步调处事，不喜欢过重的工作负担。	精力充沛的	精力旺盛，喜欢保持忙碌，喜欢充实的工作。	行动力
6	不喜欢与人竞争，认为参与比胜利更为重要。	竞争的	喜爱与人竞争，重视胜利，不喜欢失败。	
7	不太看重事业的发展，着眼于可达成的目标，而不是非常有野心的目标。	追求成就的	事业心重且具有野心，乐于达成艰巨的目标。	
7	作决策时非常谨慎，需要较长时间来作出决定。	果断的	可以迅速作出决策，可以很快得出结论，不太谨慎。	
6	回答问卷时前后较不一致。	一致性	回答问卷时前后较为一致。	

本报告的评分标准也是10分，得分在1分至3分的，行为表现更偏向左边评语；8分至10分的，行为表现更偏向右边评语；4分至7分的，则无明显偏向。

很明显，从这位先生的OPQ（性格）报告里可以看出，他是一个具有说服力的人，喜欢改变他人的想法，而且也喜欢当领导；喜欢指导别人，主导和控制局面，同时他也是一位精力充沛、认真负责的人，而且具有竞争意识，是一位追求成就的人。这种类型的人符合企业CEO或高管的性格特征。

在SHL的测试里，性格没有好坏之分，我们就是把各种维度综合起来看：他是不是能够把事情做好、他的性格是否适合做这样的事情、是否具有领导力、是否喜欢影响别人。从以上的这些数据当中可以看出，他无疑是适合管理岗位的。

三、UCR（全方位胜任力）样例和报告解读

表9–3　某公司候选人的SHL（UCR）测评报告与解读

胜任力	1	2	3	4	5	成功的重要因素（打勾）
领导和决策						
1.1 作出决定和采取行动						
1.2 领导和监督						
支持和合作						
2.1 与人合作						
2.2 坚持原则和价值观						
互动和表达						
3.1 联系和建立人脉网络						
3.2 说服和影响						
3.3 呈现和交流信息						
分析和诠释						
4.1 写作和报告						
4.2 应用专业知识和技术						

续表

胜任力	1	2	3	4	5	成功的重要因素（打勾）
4.3 分析						
创造和概念化						
5.1 学习和研究						
5.2 创造和创新						
5.3 制定策略和概念						
组织和执行						
6.1 计划和组织						
6.2 交付成果和达到客户期望						
6.3 遵循指示和程序						
适应和处理						
7.1 适应和应对改变						
7.2 处理压力和挫折						
具有进取心和执行力						
8.1 达成个人工作目标						
8.2 企业家和商业思维						

最后一个维度是UCR（全方位胜任力）。这位先生在全方位胜任力报告里显示，他的组织和执行能力强，交付成果能达到客户期望，具有进取心和执行力，能达成个人的工作目标，具有企业家和商业思维，乐于领导团队，与人合作的能力比较强，经常会为作出决策而寻求他人的帮助。

综合三个报告来看，该候选人精力充沛、内驱动力较足、主动影响他人的意愿较强；乐于指导他人、能够与人合作，具备较好的授权意识。因此，该候选人与管理职位有一定的匹配度。当然，这只是测评反映出来的候选人的特点，招聘官仍需要根据其他的信息进行相互验证和补充。

评价中心是招聘高端岗位时经常会使用的工具，能够充分印证单一的经验判断。当然，评价中心就是一面镜子，只能印证判断而不能代替判断，更不能作为一票否决项。评价中心是一个综合判断的结果，具有大概率性。

评价中心一般由经过训练的多位评估者使用多种方法对被测试人从多维度进行测评，最终的结果由评估者经讨论和统计技术整合得出，能够大大提高人才测评的准确性，其效度已经被多位研究者证明。

我们在考查候选人时，不要以某一项的得分过高或过低来判定一个人，而要通过测评项目的综合判断来分析，从而得出大概率事件。因为每一项测评都需要花费巨大的成本和高额代价，因此也只适用于高端候选人的招聘过程。

GUIDE YOU TO BE A GOLDEN RECRUITER

第十章 高管谈薪技巧

本章导读

本章在开篇简单地介绍了薪酬结构的组成及如何设计薪酬体系，并给出具体操作的步骤——了解候选人的真实诉求后再展开薪酬谈判，并用实操的案例讲述如何运用薪酬谈判技巧吸引高端人才。

具有竞争力的薪酬福利待遇无疑是非常重要的，它是直接影响您是否能吸引、录用并且能留住优秀人才的重要条件。能否吸引这些优秀的人才加入公司，对金牌招聘官的自身素质和专业能力的要求是非常高的，您需要像了解招聘需求一样了解每个候选人的需求，从而“对症下药”，为企业招来合适的人才。

第一节 | 薪、酬及报酬在定义上的区别

薪酬，由薪和酬组成，而薪和酬是需要分开理解的。

薪，即薪水，又称薪金、薪资，包括工资、资金、分红、物资福利等可以货币化的个人回报，是可量化的，是一种着眼于物质层面的酬劳。

酬，即报酬、报答、酬谢，包括非货币化的福利、成就感、发展机会等，是一种着眼于精神层面的酬劳。在现实中，我们往往需要将两者融合在一起运用。

“薪”包括如下内容：

工资，包括基本工资、绩效工资、补助补贴等；劳动所得，主要指提成和奖金，包括员工的业绩提成、效益奖金、年终奖金等；合作的结果，如股东所分配的利润、高管的分红等；物质回报，如逢年过节给员工发放的慰问品、员工生日或特殊纪念的日子里发放的一些有代表性的小礼品等。

“酬”包括如下内容：

它的定义非常广阔，所有的非经济报酬都可以称之为“酬”，包括给员工有兴趣的工作、富有挑战性和发展的机会、培训、恰当的社会地位标志、公众的认可、舒适的工作条件和环境等，这些都是“酬”。

薪酬结构指的是企业的总体薪酬，包括固定（基本薪酬）和浮

动薪酬（主要指奖金和绩效薪酬）。一般的中小型公司采用的就是这种薪酬结构，此外还有福利薪酬（也是法定福利），包括：养老保险、基本医疗保险、工伤保险、失业保险、生育保险和住房公积金及企业补充福利，如带薪休假、住房福利、交通福利、补充医疗保险及其他各种项目。对于上市公司或一些大公司而言，除了以上提到的这些薪酬和福利之外，还有股票、分红、期权等，公司可能为员工解决住房、子女教育、提供大城市的居住证甚至解决户籍问题等——当然，公司还会根据不同的级别和职位的稀缺性给出一些特殊的待遇。

第二节 | 如何设计薪酬体系

薪酬制定的基本原则是什么呢？其实只需要把握两个均衡就可以：第一个是内部均衡，第二个是外部均衡。外部均衡如何去把握呢？我们需要做薪酬调研，在行业中看企业的发展地位、能支付的人工成本等，并与市场上同类的人对比；如果外部的均衡满足不了，就可以转而强调内部的均衡。那么，如何让内部的员工感觉薪酬是均衡的呢？要建立一套“对内具有公平性，对外具有竞争力”的薪酬体系，想要设计一套合理、科学的薪酬体系和薪酬制度，可以从五个方面去考虑：

一、岗位分析

岗位分析是确定薪酬的基础，要结合公司经营目标，分析职位在公司内的位置、职责、管理范围和层级等。

二、职位评估

通常，薪酬谈判负责人会比较候选人当前的薪酬和自家公司的差距情况，如果差距太大，就要看应聘的是什么岗位，以及这个岗位在公司的重要性，同时还要平衡其他员工的薪酬状况，达到企业的内部均衡。除非该候选人属于市场稀缺人才或者该岗位属于公司的核心或关键岗位，才可以向董事长申请特批。

科学的职位评价体系要通过综合评价各方面因素得出，而不是简单地将薪酬与职务挂钩。比如，研发专家并不一定比研发总监的层级低、工资低等，研发总监侧重管理的职能，而研发专家则侧重技术层面的工作，注重技术难度和创新能力，二者各有所长。

现代人力资源的一种新趋势，就是差异化的人力资源管理，企业会依据岗位的重要性来拉开薪酬上的差距。比如我曾经服务过的一家公司就设立了战略岗位等，不仅给该岗位的人员以高薪，还专门给负责战略岗位的招聘团队的人以高薪，这个团队的整体薪酬也会比负责其他岗位的团队薪酬要高，而且如果这个招聘团队招来的战略团队的人给公司带来了效益，他们还会有额外的项目奖。

另外，不少公司会使用宽带薪酬，就是指同一岗位、同一级别之间的薪酬差距非常大。正如大家所知道的，在企业里，薪酬是背对背的，除了一些特定的员工之外，其他人是不知道员工具体的薪酬水平的。之前我提到，薪酬分为内部均衡和外部均衡，大家对人的一个最直观的判断就是他的职位和职级，宽带薪酬就是对同一职级、同一岗位的人员，根据他们岗位的重要程度，其实际的收入或薪酬水平是有差异的。

比如说一个行政总监和一个研发总监，从职位上讲他们是平级的，从职级上看，起薪也是一样的，假如说月薪都是4万元，但是因为岗位的价值不一样，在具体到某一个人的实际工资上时就会乘以一个系数：研发总监在起薪的基础上乘以1.5的系数，行政总监则在起薪的基础上乘以0.8的系数。但是从外表看来，他们的职位、职级和薪酬都是一样的，不会给员工带来薪酬上存在差异的感受，因为这只有薪酬部负责人或薪酬管理委员会的人才知道。

三、市场的薪酬水平

要了解该职位在市场上的定位，包括岗位职责、岗位薪酬、管理的幅度、市场上类似的职位空缺数量、设置该职位的公司及他们给予的薪酬等。薪酬负责人在平时就可以留意这样的信息，通过和候选人沟通、参照同行业的薪酬或根据市场调研的情况等得到一些信息，也可以委托专业的咨询公司进行这方面的调查等。

比如，一般的外企或是一些颇具规模的企业会找咨询公司来做调研，根据专业性的分析后给出合理的薪酬设计。还有一种方式是直接拜访。记得我曾经服务过的一家外资公司，那是一家新建厂，我担任人力资源经理，因为公司的行业比较新，用人单位要人又急，市场上还没有直接的竞争公司，也没有时间找第三方公司去做调研，于是在引入几位高管之前，我便和总经理一起去拜访了一些相关行业的公司，来参考他们的高管的薪酬待遇。

四、薪酬定位

了解了市场薪酬和内部薪酬状况之后，还需要了解市场上的薪酬定位，一般，市场上有三种薪酬策略：

1.领先型薪酬策略。2.跟随型薪酬策略。3.混合型薪酬策略。要根据企业自身情况、行业特点及所处阶段的不同，选择不同的薪酬策略。

领先型薪酬策略又被称为“政策薪酬领袖政策”“领袖型薪酬策略”。它采取的是自己企业的薪酬水平高于竞争对手或市场平均薪酬水平的策略，以此吸引大批可供选择的求职者，满足比较紧急的人员需求，使得企业可以提高招募标准，从而提高自己所能够招募、雇用到的员工的质量，在吸引和留住员工方面都具有明显优势，并且可以将员工对薪酬的不满降到一个相当低的程度，同时还有利于提高公司的形象和知名度。比如，华为就是最早采用“领袖型薪酬策略”的企业之一，在企业发展初期以及之后相当长的一段时间内，华为曾明确地提出让公司员工拿到与在外企甚至国外工作的同类员工等值的收入。高薪政策让华为招聘到了市场上很多具有创造性的人才，为公司在产品市场上与同类外资企业抗衡起到了重要的作用。

但凡事都是“双刃剑”，企业如果不能根据自身公司的情况，不能根据自己公司薪酬架构的体系以及对员工的管理实现较高水平的利润，即将高投入转化为高回报，那么高薪政策给企业带来的就不会是资本，而会是一种负担。它可能还会掩盖一些重要的问题，诸如一些企业内部已经出现了严重的危机，如人际关系紧张、工作压力过大、高管流动率大等，但员工考虑到在市场上很难再找到比目前更高的薪酬，便采取容忍的态度；然而，容忍不等于接受，员工的内心堆积了太多这样的消极情绪，只是在高薪的诱惑下，才被深藏在内心，时间久了，一旦有一天爆发出来，就会引起大规模离职，给企业带来的损失就会是十分巨大的。

跟随型薪酬策略。就是根据市场平均薪酬水平确定本企业的薪酬定位的一种做法，这种做法十分常见。按照接近竞争对手的薪酬成本来吸纳候选人，企业的风险可能是最小的，且能够吸引到足够的员工，但它的缺点，是很难吸引到优秀的人才。

混合型薪酬策略。是指企业在确定薪酬水平时，会根据职位类型分别制定不同的薪酬水平，它最大的特点是灵活性且针对性强，特别适合应用于市场上的稀缺人才和公司里的关键人才，这样既有利于公司保持自己在市场上的竞争力，又有利于控制成本。

大家在设计自家薪酬架构时，一定要根据企业的实际情况来选择，不能盲目跟风。

五、从候选人过往的工作经历中获取他的薪酬信息

可以从候选人的基本工资、股票、奖金、期权、奖金包、非货币化福利中获取其薪酬信息，因为每个企业的薪酬结构不同，所以了解候选人过往的薪酬信息有助于将其转化为公司的薪酬制度。

第三节 | 了解候选人的真实诉求

招聘官在与候选人的面谈中需要了解和探究他们选择加入新公司的原因是什么，除了薪酬之外，是什么吸引他们加入新公司以及他们对未来有什么期望等。

一、了解候选人的离职原因

马云说过："员工为什么离职？就是钱给得少、心里委屈。"任正非也说："只要钱给到位了，不是人才也是人才。"

但是，候选人离职就仅仅是因为薪酬吗？我们在此可以进行一个简单的剖析。人力资源管理中有一个理论：一个人加入一家公司，往往是受这家公司外在的品牌、市场定位、行业前景等因素的吸引，而离开一家公司往往是因为他的直接领导。

从这个理论去看，员工离职也许并不完全是因为薪酬没给到位，当然，薪酬也是一个需要考虑的因素，但抛开薪酬，我们还可以在面试中捕捉到其他离职原因，比如，候选人可能不喜欢直接领导或团队的氛围，或许工作时间太长影响了家庭生活，还有一些候选人对自我成长有要求，认为当前的公司对他们已经没有任何挑战和吸引力了等，那么我们就需要针对他们真正的离职原因去制定一些政策，才能更加行之有效。

二、了解候选人对未来工作的期望

候选人最看重的是什么？想在未来的这份工作中实现什么样的价值？一般的候选人会对薪酬福利、未来的职业路径和方向比较在意，还有一部分候选人在现有岗位做得很好，现任领导也很赏识他，但他可能觉得这份工作已经没有任何挑战了，对目前的状态会存有疑虑；还有一些候选人在一家公司工作了十年，已经到了“瓶颈”期，缺乏动力；另外还有一部分候选人想去更大、更广的平台，发挥更大的价值。

结合马斯洛的需求层次理论，除了基本的生理需求、安全需求之外，职级越高的人对自我实现的渴望越强烈。因此，要结合候选人更深层次的需求，判断企业对候选人的职位上升空间、影响力及成就等是否与候选人的心理需求相匹配，从而为吸引他们加入公司制定合理的薪酬。

三、了解候选人的真实诉求后我们应该做什么

如果他希望在新的工作中扩大自己的管理权限，我们就可以考虑给他安排一个人员管理幅度较大的团队；如果他希望对专业领域有更深层次的研究、需要得到更多的资金支持去做研发，那我们就给他调配到能使用更多资源去主导研发项目的岗位上；如果他想找一份相对富有激情的工作，那么可以根据他的发展潜质去预判，如果他在某一个领域确实可以做得更好，那我们也可以考虑为他的潜质支付成本。

第四节 | 薪酬谈判技巧

薪酬谈判是人才吸引、激励、挽留中无法跨越的环节。如果谈得成功，就能够使薪酬变成高回报率的投资，实现人才与企业的双赢；否则，要么导致人才的流失、继而引发多米诺骨牌效应，要么就使薪酬变成了高额成本。

从候选人进门到应聘结束，招聘官都要谨记：按照公司的薪酬体系把人才招聘进来，而不是以候选人满意的薪酬把人招进来。招聘官要让候选人认识到，企业的管理理念与原则更为重要，要明确告知候选人哪些条件是企业可以满足的，哪些是不能满足的，这样才能确保人才能真正融入企业，能认可企业的管理机制，而不会让企业管理机制因个人而改变。薪酬谈判要遵循以下几个原则：

一、个人目标与企业目标达成一致，形成双赢

招聘官在和候选人谈薪时，可以帮助候选人明确，其自身的职业规划与企业的发展规划具有一致性，要把握好候选人自身某个阶段对薪酬的诉求。例如：候选人希望在不久的将来在薪酬上有上升空间，那么招聘官在面谈中就应着重强调此职位的晋升空间，比如公司可以为候选人提供培训来帮助其提高自身的技能和业务水平，并为其职业发展提供长期的指导。

二、薪酬和福利

要了解候选人过往薪酬的总额以及薪酬构成——这是薪酬谈判的基础。需要关心他过往的薪酬构成，以及他实际拿到手的收入是多少，哪些是固定薪酬、哪些是浮动薪酬等，这些都是我们谈判的依据。

三、了解候选人期望的薪酬

候选人期望的薪酬是什么？我们是否能满足？是否在我们给予的范围之内？要确认我们能提供的薪酬的天花板。

四、企业能够给予的薪酬部分

1. 固定部分（能拿到手的那部分）。

2. 浮动部分（包含绩效、项目奖、年终奖和提成等未来不确定的部分）。

3. 未来预期可能会给到的部分，如期权、股权、分红等。

五、候选人对薪酬预期的管理

要了解候选人的最低期望，对于对未来薪酬要求过高的候选人，要和他讲解公司的平台、行业、发展、晋升空间等，提醒他平台、行业是第一位的，钱是第二位的，要先把这些关系讲清楚，然后再和他讲解公司的发展和未来的战略——他如果做得好，会有很大的晋升空间。

此外，还可以给候选人讲一些其他的员工福利，比如：公司提供高管去著名商学院进修或读MBA的机会、提供海外的中长期培训机会、可以参加同类型企业的高管研讨会、特殊人才引进等，让候选人感觉公司是一家规范且有温度的公司。另外，公司还提供员工补充医疗保险、亲子活动、每年的高管项目体检和子女教育，甚至解决一线城市的户籍问题等，这些都会对候选人有很好的吸引力。

六、薪酬谈判时要学会“打配合”

谈薪通常不可能一次谈妥，如第一次摸底、第二次试探、第三次明确地谈，仍然谈不拢的就可以先放一放、拖一拖，告诉他我们有多位人选在考虑，但最终只能录用一名——要给候选人压力，不要让他傲骄。A谈不拢可以找B（上级）来谈，可以一个唱红脸，一个唱白脸，而把薪酬谈下来才是最终的目的。

七、了解候选人现在所处的状况

假如候选人目前还在职，干得也不错，并不着急换工作，属于“骑驴找马”的状态，那么这种情况下能吸引他的就只有平台和待遇了。因此，我们要学会打持久战，找出候选人真正在乎的东西，然后有技巧地和这类候选人沟通。另一种情况是候选人已经离职，着急上班和找工作，但他们开出的薪酬可能比企业能给的要高出不少，而他恰恰是企业看重的人选。这时，我们就需要“打配合”，要适当地给他们一些压力，找出他们自身的优劣势，使他们能调整好心态，有一个合理的自我评价。

第五节 | 具体谈薪流程的实操建议

第一步，开场，很正式地向候选人介绍此次与他沟通的目的、这个岗位在公司的定义是什么、职责范围是什么等，就是做一个简单的沟通，然后再了解一下他经手过的重大项目及近期所取得的成就，不要冒冒失失直奔谈薪的主题。

第二步，我们要对此次候选人的表现做个总结。首先恭喜他通过了全部面试，所有的招聘官都给予了他相对比较正面的评价和中肯的建议，让他知道，公司对他的潜质和能力是认可的，也要侧面暗示他，要降低对薪酬的期望，因为他还有不足的地方——这些建议务求中肯、言之有物。一定要结合岗位对他的能力要求，找出两者之间的差异，让候选人对他个人发展的重点有一定的认识和了解，即便没有入职，这样的面试也会对他将来的发展起到一定的积极作用。

第三步，给候选人详细地介绍公司的薪酬福利构成，这部分介绍也一定要是真实的，不要做过多渲染。

第四步，将候选人过往的薪酬结构和公司现有的薪酬结构进行对比，当我们现有的薪酬等于或低于他过往的薪酬水平时，一定要和候选人介绍清楚公司未来的发展，以及他来到公司后所能得到的物质以外的能力“提成”。

介绍完这些之后，再看候选人对薪酬水平是否认同，如果认同，那就没有问题，如果候选人有其他想法——此时一定要掌握一个原则：在和候选人沟通时，可以在现有薪酬的基础上向下浮动，如果候选人有犹豫，不要马上回应，可以告诉候选人我们会向领导争取，然后对此事不再纠缠。第二天，再和人选沟通一次，如果他对此薪酬仍然有想法，再向上一级申请，如果候选人期待的薪酬超出上级领导所允许的薪酬标准，就需要重新评估候选人，看公司是否愿意为他付出高成本。

举例 与外企CEO谈薪

分享我的一次谈薪案例，这是一次最初比较困难，但最终谈判成功的谈薪。

在讲案例之前，我先对这家公司的所在地——印度尼西亚的经济和人文环境做个简单介绍：印度尼西亚国土面积大，岛屿也多，是人口大国，也是消费大国，经济需求旺盛，国家目前在蓬勃发展。而且，印度尼西亚在工业基础、电力需求、清洁能源需求上有广阔市场；有许多消费产品和高科技产品在印度尼西亚虽然有市场却不能制造，以前多是由美、日、韩、澳洲、新加坡供应。因此，与中国的产品技术工程非常有互补的潜力。其总统在2019年选举后获得连任，人文环境继续扩大开放，推崇多元文化共存共生。

接下来我再谈一下候选人的背景：他常驻印度尼西亚市场，开拓市场多年，且通过了面试。

谈薪难点：

公司能提供的总薪酬低于候选人目前的总薪酬50%，候选人在原公司每年都能拿到提成，但公司的海外市场初创，第一年的提成不能保证。

公司印度尼西亚业务初创，需要候选人有从0到1的拓展经验。

在第一次跟候选人谈薪酬的时候，候选人对于公司提供的薪酬很不满意——低于他现有基本薪酬的30%，我充分说明了公司的薪酬结构及宽带薪酬政策，试图用后续的收入空间来打动他——因为我们在海外市场属于初创，提成比例很高。然后，我表示非常理解候选人的想法，同时与候选人说明我会和公司薪酬部沟通看是否还有调整空间，以便能有和候选人做进一步沟通的机会。

经过调整的薪酬方案，股权比例得到了一定的上调。于是我与候选人启动了第二次沟通，表达了公司对候选人的重视，以及经过努力，在股权比例上给候选人争取到了一定的上调机会；并从候选人当前公司所在行业处于成熟到下滑的生命周期阶段，且候选人在当前公司的发展遇到“瓶颈”，而我公司却可以给候选人提供充分发挥经验值的机会及广阔的发展空间上，再次和候选人进行了推心置腹的分析沟通。经过第二次充分的沟通，候选人表示会重新慎重考虑这个机会，并在接下来的一周内给予我最终的答复。

候选人最终答复我接受了这个机会，并相信以自己的经验和能力，非常有信心把印度尼西亚市场搭建起来。

通过以上的与高端人员的薪酬谈判技巧的经验分享，我们可以总结出以下几点：

第一，中高端人才在选择一份工作时，第一看重的不是现实的货币薪酬。

第二，中高端人才在加盟一家公司时，对未来岗位所能创造的价值和贡献的关注度要高于薪酬本身。

第三，中高端人才在接受录用通知书时，一定会考虑他在这个岗位上所能掌握和协调到的资源。

第四，针对中高端人才的薪酬谈判，切忌一蹴而就，我们要有打持久战的准备。对于一位优秀的候选人我们可能会花一个月的时间面试、一个月的时间谈薪，而这样的时间成本的投入对我们来说是值得的。

第五，在针对中高端人才的薪酬谈判中，要多将他个人的发展和公司发展联系在一起，用股票、期权和中长期激励来吸引他，甚至用可以在公司里有一定程度的决策权来吸引他，而不是单一的货币薪酬的增长。

GUIDE YOU TO BE A GOLDEN RECRUITER

第十一章 找对人比做对事情更重要

本章导读

本章认为，招聘官面试的不仅是个人而是一个家庭，面试的不是人心而是人性，并分别辅以案例来加深读者对这些说法的理解。最后探讨了文化的适应性，即如何找到与公司价值观一致的人、如何使这些人融入公司等。

《从优秀到卓越》一书曾提到："商界人士最重要的绝对不是如何做事，而是如何聘人。"

《曾国藩语录》里也曾提到："观人之道。以朴实廉介为质，有其质而更传以他长，斯为可贵；无其质，则长处亦不足恃。"译为白话文就是说，看一个人，最重要的是看他本质是否朴实、清廉、正直。能具备这种本质，再加上其他长处的话，这个人就很可贵了。如果没有这种本质，即便有其他长处也不值得一提。

第一节 | 找对的人是实现高绩效的前提

管理者要把时间花在能够增强企业竞争优势的人才身上，这样做可以减少候选人的数量，而合格的候选人的比例则会大大提高，招募与甄选的主要目标是：尽最大可能地实现“在恰当的时候将恰当的人放在恰当的职位上”。

程维和柳青的合作，成就了滴滴的传奇，而程维选择和柳青做搭档，不仅成就了滴滴，也成就了柳青。2014年6月，时任高盛亚洲区董事总经理的柳青和滴滴的创始人程维谈高盛投资滴滴的想法，后因估值没谈拢，以失败告终。后来，柳青出于对程维的欣赏以及对中国未来出行市场的看好，放弃了高盛优厚的待遇，加盟了滴滴，并且最终成了滴滴的总裁，并在2014年12月帮助滴滴完成了F轮7亿美元的融资——这也是中国移动互联网史上最大的融资之一。接下来，柳青利用自己出色的投行工作经验和人脉关系，滴滴在短短的三年之内，融来了大量资金，并成功吞并快的、优步中国等公司。

Facebook的创始人马克·艾略特·扎克伯格（Mark. Elliot. Zuckerberg）和好搭档首席运营官——雪莉·桑德伯格（Sheryl. Sandberg）也是一对黄金搭档。2008年，Facebook初具规模，扎克伯格用自己的诚心诚意挖来了在谷歌担任副总裁的桑德伯格。在桑德伯格加盟Facebook 三年后，Facebook的员工人数从130人增加到2500人，在全球范围内的用户数量从7000万人增长到7亿人，并帮助Facebook实现了盈利。

爱因斯坦的故事也充分说明了找对人是实现高绩效的前提。20世纪30年代，美国著名教育家佛来克斯（Mr. Flex）立志改革教育，他接受了两名富翁捐赠的一笔巨款，在风景优美的普林斯顿（Princeton）办起了一座高等研究院。为此，他到处物色世界一流的学者。1932年年初，当爱因斯坦来到美国加州理工学院讲学时，佛来克斯立即前往拜访，并提出聘请爱因斯坦讲课的要求，但被爱因斯坦拒绝了。后来，爱因斯坦又去英国讲学，佛来克斯又跟到英国，再次请求，但再次遭到了爱因斯坦的拒绝。但是，佛来克斯仍不灰心，当年夏天，爱因斯坦从英国回到柏林附近的寓所，佛来克斯又跟到了那里，再三请求。精诚所至，金石为开。他的诚意打动了爱因斯坦，终于答应前往普林斯顿担任终身教授。正是佛来克斯的慧眼识人，才使得普林斯顿拥有了一个又一个的著名学者，美国也从此成为世界物理学的中心。

这样的例子不胜枚举，它们充分说明，给企业招到对的人，会对企业产生巨大的价值，而你的成功也会带动你的下属，激发他们的热情和创新，从而为公司创造更大的财富。找到优秀的人才对企业来说至关重要，只有找到对的人才能做对事，因为这些优秀的人才能独立解决工作中遇到的问题。找到和自己匹配的搭档才能成事，他们通常有良好的系统思维和自律性，能以自己的方式提供良好的服务，企业无须花太多精力去培训他们，而他们还能赋能给团队的其他人。

第二节 | 错误的招聘术

我从事招聘工作已经有十几年了，可以说阅人无数，鉴于我有甲乙双方深度招聘的经验，对招聘自然也有一些体会和感悟。招聘很重要，“重要”两个字谁都会说，但为什么重要呢？我有以下几点感悟：

一、招聘官面试的不仅是一个人

我在对高管的面试中通常会问：“您是哪里人？在哪出生的？父母是做什么的？您在哪读的大学”等。因为在我看来，一个人的成长路径和职业生涯，以及他身上的特质都和他的原生家庭密切相关，他青少年时代的经历及成熟后在人生中遇到过的一些人和事，还有所接受的教育等塑造了他现在的性格特点和管理风格。

二、面试是一个“三位一体”的体现

要把面试一个人对企业的责任、对个人的责任和对职位的职责做一个全方面的诠释。面试时一定要面试一个家庭，我面试每一位高管时都会问：“您的父母同意您换工作吗？您的爱人对此有什么看法？您的孩子怎么看？”面试的题目总是在外沿，因为我们面试的不是人心，而是人性。仅通过一两个小时的面试是无法全面了解一个人的人性的，但我们可以通过了解他的原生家庭、出身环境、少年的成长经历，再借助一些测评方法和工具等，来挖掘出他们的人性——只有对他们的人性有一个基本的判断，才能判断他们是否会对公司负责，而这，也是招聘官对公司的负责。如果面试仅仅是传递薪酬的信息、未来的愿景及将来的职位发展平台，却忽视对人性的考量，就很容易因用人不慎而给公司带来损失和危害。越是高管，对企业的责任越大，用好一名高管，能救活一个企业，用错一名高管，也可以毁掉一个企业。

第三节 | 用错人的代价

一、J.C.Penney用错CEO

J.C.Penney是美国最大的连锁百货商店。2011年夏，J.C.Penney高薪请来原苹果公司的零售总裁罗恩·约翰逊（Ron. Johnson），让他担任CEO，掌管所有卖场的定价策略。来到J.C.Penney之后，约翰逊把自己在苹果那边的零售店氛围克隆了过来，主张“天天低价”，开创优质商品加优雅购物。降低价格对于顾客来说确实有很大的诱惑力，但并不是所有的低价策略都能赢得顾客的青睐，由于这一定价策略，J.C.Penney的业绩下跌了43亿美元，相当于一小时损失50万美元。后来，J.C.Penney让马文·埃力森（Marvin. Ellison）坐上了CEO的位置，而他的首要任务便是逆转公司惨淡的经营状况，尽管任职期间，埃力森大刀阔斧的改革卓有成效，但已无力回天，公司的负债高达40亿美元。

20世纪20年代是J.C.Penney的辉煌时期。1920年到1930年间，J.C.Penney以平均每三天开一家新店的速度开设了1250家分店，这些商店大多分布在美国小城镇的大街上。尽管“大萧条”使美国商业萎缩，但丝毫没有影响到它的业务，到20世纪30年代末，J.C.Penney已开设了1586家分店，总销售额超过3亿美元。

“二战”后，J.C.Penney为适应日益变化的郊区发展而对商店进行了重新调整，增加了大批商品。1949年，J.C.Penney开设了第一家远离大街，并可驾车驶入的购物中心，成为现代美国大型购物中心的前身。

1951年，J.C.Penney的总销售额首次突破10亿美元。到20世纪50年代中期，新开设的J.C.Penney分店多半位于市郊的购物中心。1957年后，在当时的董事长威廉·巴顿（William. Barton）的管理下，J.C.Penney致力于开拓品种齐全的百货店来满足郊区的市场需求。1958年，J.C.Penney首次推出信用消费方式。除此以外，J.C.Penney还建了美容院、餐馆及汽车花园中心，以使购物者享受到全面的购物便利。

1963年，J.C.Penney首次发行了商品目录。

1967年，J.C.Penney金融服务公司成立。

1967年，J.C.Penney收购了斯瑞福特（Sryford）药品公司（1995年、1996年、1997年又相继收购了三家药品公司，由此成为全美第四大药品连锁店）。

20世纪70年代，美国开始盛行大型购物超市，J.C.Penney以其良好的声誉、品类繁多的优质商品以及售后服务，奠定了它在全美的地位。J.C.Penney的小型商店很快被它的大型百货商店取代，销售额也从40亿美元猛增至110亿美元。

20世纪80年代，杰西潘尼（J.C.Penney）的结构发生了重大变化。他们将重点放在了高品位服装及柔软舒适的家庭装饰用品上。1983年，J.C.Penney宣布将花费10亿美元来全面装修店面。

20世纪90年代初，J.C.Penney完成了从连锁店到全国性百货商店的转变，其中女装占J.C.Penney服装生意的80%。

在其位谋其政，招聘不只是填补空缺，而是需要招聘能在岗位上创造业绩的人。J.C.Penney的这个故事正如斯玛特（SMART）顾问公司的调研结论："聘错人的代价很高昂，公司平均需要付出15倍于薪酬的代价。"

二、E公司用错HRVP

E公司的董事长特别看重人力资源部，他不惜花重金从外部聘请HRVP，还连续聘了好几位，分别负责不同业务线。2018年年初，董事长给人力资源委员会下达的任务是要在全年完成两万多个招聘任务。作为专业的HRVP，面对董事长这么夸张和不切实际的招聘指标本应该说"不"，但是他们没有，照单全收了。而这次错误的招聘给公司造成了巨大的损失，原因如下：

1.流程烦琐

根据董事长下达的命令，人力资源委员会开始大量招人，尤其是招聘团队的人，说是要补充招聘团队的后备力量，又制定了很多人力资源制度，设计了烦琐的面试流程，这套流程被称为"442111"。

2.人力团队超负荷工作

记得2018年，该公司的工作时间几乎就是"996"，几乎每个周六都要加班，而且几乎是全员招聘。每天，大批的候选人穿梭在公司大厅里，打印智享会的材料。每一位候选人的材料都有十几页，包括公司的标准版简历、测评报告、面试评价表等，至少要打六七份，打印机每天都处于超饱和状态，摸上去都有余热。

大家都在为了完成任务而招人，根本没有时间和精力去仔细了解候选人的情况、了解这些人是否适合公司，就像从地里挖来的萝卜，根本没有时间把泥清洗干净，就直接吃掉，HRVP甚至把自己反锁在办公室里，编造2018年度的人员招聘计划和编制。

HR接到招聘需求后没有和业务部门做深入沟通，也没有清晰的职位画像，更说不清楚把这些人招来后想解决什么问题；招聘官的面试水平也很一般，每一个人都在问同样的问题，不知道如何通过提问题来找到适合公司的人；面试流程又极为烦琐，不能从候选人的经历、信息真实性、成功案例、意向、战略方向和匹配度上来考量。

3.过分关注绩效而不关注人才质量

招聘团队深陷各种事务，无法有效与候选人进行仔细沟通和招聘业务指导和辅助：招聘团队被分成一个个独立的招聘团队，没时间从公司的视角审视候选人，只能从完成自己团队业绩的角度出发招聘人选；通过猎头、猎聘等渠道找来的简历不会共享，有时候还会因为系统里已经存在的候选人的简历打得不可开交——因为这会牵涉到业绩的分配。

4.资源浪费的问题

对于人选的情况，HR从不和业务部门沟通，人才的质量不尽如人意。由于只追求速度，人员的质量良莠不齐，招来的高管合适的不多，薪酬却越来越高，能干成事的则越来越少——2018年招来的高管几乎没有给公司带来什么业绩，也没有产生什么价值。招聘负责人只聚焦于招聘前期，缺乏对员工入职后的引导和关怀，导致新员工入职后的体验不佳，招来的人像走马灯似地频繁进出。

过分使用猎头，造成公司上亿元的猎头费开销；第三方背调是交叉背调，费用不菲；又从咨询公司那里买了不少测评工具，这些工具的使用带来的是人工成本的增加，浪费了招聘人员无数的时间在安排人选做测评上；候选人也被这多轮烦琐的面试测评折腾得苦不堪言。

对于这种乱象的出现，人力资源委员会要负极大的责任——作为合格、专业的HR从业人员，是需要帮助公司解决问题的，要把在市场上看到和听到的事情如实汇报给老板；在企业发展的不同时期招聘不同的人选、制定不同的战略，在老板出现决策上的错误时要敢于说“不”，而不是一味地顺从……当董事长后来意识到用人失误的时候，接二连三地换掉了数名HRVP，但已经回天乏术了。

究其原因，人力资源委员会在最初听说一年要招两万多人时，并没有和老板沟通，只是一味地执行，也没有了解老板下达的业务与需求之间的关联，使公司在人力资源方面浪费了巨大的成本。

人力资源部门是公司的命脉部门，是企业里不可或缺的一个部门，在这个部门用人失败，造成的损失将是非常惨重的。

三、透过现象看本质

前文提到，面试是个“三位一体”的体现，提到“面试要面试一个家庭”。这是因为，成年人的性格、脾气等与其原生家庭的影响密不可分，他在原生家庭的经历对他们的一生都有着非常大的影响。

我举一个身边和原生家庭息息相关的例子。在我以前服务的一家公司中有一位高管，他在家里是最小的，哥哥比他大好几岁，处处都让着他，家里的人也很照顾他，因此，他在工作中很少从员工的角度考虑问题。他认为员工拼命工作、加班加点是理所应当的，所有员工都应该支持他的工作，有什么利益也都要先想到他，虽然他是部门的负责人，但他仍然希望受到照顾。这就是原生家庭给他带来的性格特质。因此，他的团队对他的管理方式很有意见，部门效率表面看似不错，但却没有好的部门绩效。

因此在面试时，尤其是在对高管的面试中，一定要了解他的家庭情况，包括他们从小的成长环境及日后婚姻的一些基本情况，从而避免因用人不慎给公司带来影响。

第四节 | 企业文化适应性：融入公司

企业文化是一个企业的价值观念、经营观念和行为规范的总和，是企业核心价值观下一系列意识形态的集合，是全体员工共有的价值和理念体系。企业文化也是一个企业的灵魂，融入企业文化首先是自上而下的融入，不能融入企业文化的人，再能干也是徒劳。

想要考查候选人是否适合公司的企业文化，首先要对自身的企业文化有深刻了解。我曾遇见过一家公司，他们对自身的企业文化的描述五花八门：董事长有一套理解、业务负责人有一套理解、人力资源部负责人又有一套理解。可想而知，依靠这种对企业文化的认知水平，怎么能招来志同道合的人。

企业文化是需要大家一起坐下来研究讨论的，需要根据自家企业的特点和基因而定，而且企业文化一旦确定下来就要去执行。忽略人才对企业文化的适应性是招错人的第一大原因，不能融入企业文化的人有再高的才干也不行。比如，有些高管的个性很强，他们非常能干，也能给公司带来不菲的业绩，但是他不能很好地与同事融洽相处，言语中总是流露出一种高高在上、咄咄逼人的腔调，谁都看不上，又很强势，使得员工与他在一起合作得很痛苦，这样的人肯定是有悖于企业文化的。

考查人才的企业文化适应性就是剔除那些不能融入企业文化的

人。现如今，很多民企都非常愿意招聘世界500强的人，但是这些从世界500强企业出来的高管却极少有能适应民企风格的，往往是他们在应聘过程中感觉还不错，但一旦进入公司，会出现水土不服、文化完全不兼容的情况，给双方造成巨大的损失。此外，某些民企是灰度文化，说一套做一套，不关心过程，只注重结果——不管过程是否符合企业的文化，没有业绩就没有“尊严”，为了业绩，员工可以不择手段。

举例 一位HRVP因为对民企文化的不适应而离开

我有一位不错的朋友，一直都在世界500强或外资企业里工作，经验丰富。前段时间，他到一家民企担任HRVP，刚一来就深陷到具体业务中。由于该公司的HR底子薄弱，事务性的工作多，招聘的量还大，而他本人在外企工作时间长久，仍然按照外企的方法来管理，包括梳理人员编制、找各部门负责人沟通等。一晃半年的时间就过去了，而他并没有做出多少改变，公司的流程、体系仍然很凌乱，也没有招来老板想要的人。与外企体系化、流程化的文化不同，民企的文化比较灵活，最大的不变就是变。面对杂乱无章的流程、制度和体系及错综复杂的人际关系，他无法施展自己的才能，最终仅仅待了半年，终因适应不了企业文化而不得不悻悻离开。

第五节 | 任用比自己优秀的人

“如果永远都只任用比自己水平差的人，那么企业就会沦为侏儒，要是敢于起用比自己更优秀的人，我们就会成长为巨人公司！”也就是说，如果你聘用的人都比你差，那他们只能做比你更差的事情。只有一流的人才才能造就一流的公司，领导要大胆使用比自己强的人，这样才能把企业做大做强。

安德鲁·卡内基（Andrew. Carnegie）曾经说过：“即使将我所有的工厂、设备、市场和资金全部夺走，但只要保留我的技术人员和组织人员，十年以后我仍然是‘钢铁大王’。”这充分说明了人才的重要性。卡内基之所以能成为“钢铁大王”，和他的知人善任、重视人才是密不可分的——他对钢铁压根就不了解，但他能找到精通冶金技术、擅长发明创新的人为他服务——比如常年为卡内基钢铁公司服务的世界知名炼钢工程专家比利·琼斯。在卡内基的墓碑上刻有这样一句话：“一位知道选用比他本人能力更强的人来为他工作的人安息在这里。”这句话是对卡内基知人善任的一个真实写照。

我们众所周知的一些企业家，也是自身文化水平不高，做的事情也不是自己的专业或擅长的事情，但他们能雇用到比自己文化水平高和专业知识强的人为他们服务。他们可能连大学都没上过，但这并不妨碍他们聘用世界知名学府毕业的博士为他们工作。这些领导就是敢用强人、且能用好强人的典范，他们就是因为知人善任，才能把自己的生意做得越来越大。

要懂得把合适的人放入合适的地方，上级要非常清楚自己的下属，对于某些能力比自己强的人，要敢于让他们担当重任，并给予充分的授权和信任。

但是在现实生活中，我们往往能看见一些部门领导不敢聘用比自己强的人，担心招来的人能力太强，失去自己的位置，把一些优秀的人当成自己的威胁，甚至排挤比自己强的人。由于他们身处高位，因此会百般挤压那些有才华和能干的人，最后导致劣币驱除良币。

作为一名领导者，要学会善用比自己强的人，而想要做到这点，就必须克服妒贤嫉能的心理，要有大的格局和胸怀，懂得用人之长、补己之短。在一个团队里，更要充分发挥团队中不同风格的人的优势，互相取长补短，这样才能把团队带起来，给公司创造更高的价值。这也应了中国传统文化中的一句话——“用师者王，用友者霸，用徒者亡。”

GUIDE YOU TO
BE A GOLDEN
RECRUITER

第十二章　差异化招聘管理

本章导读

本章提到如何建立以核心价值观、绩效和责任为导向，以战略性职位为核心的差异化人力资源管理体系，指出战略性的岗位并不是高端岗位，而是对企业战略起到重要作用的岗位，并结合案例来加强读者对差异化人才招聘的理解。本章还讲述了处于不同时期的企业对招聘官能力和素质的要求；定义了未来团队发展方向趋于“交响乐团式”的模式，探讨了HR如何从支持者走向赋能者，并分享了阿里巴巴的招聘赋能模式案例。

第一节 | 战略招聘如何做到差异化

E公司的董事长非常看重人才，不惜把钱花在找人上，他认为但凡伟大的公司，“都凝聚了最优秀的人才，他们都有一个秘密，就是找人最厉害”。比如微软、苹果、谷歌等。“战略是‘人’制定的，钱是‘人’挣来的，文化是‘人’干出来的。”

《重新定义人才》这本书曾强调：“‘人’是企业竞争优势的来源，与其说人才很重要，不如说企业管理人才的能力更重要。这不是一场‘人才争夺战’，而是一场‘人才经营战’。”

三星的李健熙曾说过这样一句话：“21世纪是人才竞争激烈的时代，是知识创造财富的时代，是一个天才可以养活二十万人的时代！”对人才，怎么重视都不为过，否则怎么可能有微软、苹果、谷歌这样伟大的公司呢？

E公司的人才战略核心理念就是：“建立以核心价值观、绩效和责任为导向，以战略性职位为核心的、差异化人力资源管理体系。”

所谓战略性的岗位就是重新定义人才，比如在迪士尼乐园里，负责清洁的岗位就是一个战略性岗位，因为清洁工的表现直接影响游客的体验，几乎所有游客都会问他们去某处应当如何走，他们代表迪士尼的形象。

还有，小米客服也是小米的战略职位，因为小米的商业模式就是“做好服务收小费”，在这里，无疑客服服务就是小米的核心竞争力，客服服务在此的价值就是：他们能在与客户的互动中给予客户超出预期的体验，建立良好的口碑并通过客户传递给更多的人。

一个公司的战略性岗位，不一定就是所谓的“高端岗位”，而是那些能对执行公司战略起到最重要作用并创造最大效益的岗位。同样的级别，依据岗位能给公司带来的利润及贡献上的巨大不同，报酬可以相差几倍、几十倍，甚至上百倍。战略岗位并不是一成不变的，而会根据公司所处阶段的不同而改变。

为了有针对性地选拔和培养人才，E集团成立了专项小组，历经几个月的努力，对战略性岗位进行了梳理，评定出战略性岗位，并根据不同岗位对人员素质的不同需求，开发了包括大客户、渠道零售、产品、技术研发、市场管理、财务、金融、人力资源八个岗位的核心素质模型。随后，E公司不但分出了A类岗位、B类岗位，还找出了A级员工，并把A级员工配置在A类岗位，为A类客户服务，为公司创造最大价值，这就是差异化的人才管理。

在2017年5月，E公司确定了三大类战略性岗位：一是装备销售CEO，二是招聘总监（董事长亲自面试招聘总监，招聘总监每周都要参加集团的人力资源会议），三是大客户CEO/总裁。集团为战略性岗位配备相应的资源，因为这些岗位对集团的战略落地起着至关重要的作用。而集团的招聘总监也被划入了战略团队，专门负责战略性岗位的招聘；如果招来的战略岗位的人确实对集团产生经济效益起到了重要作用，那么视产生效益的大小，集团还会给予招聘总监及招聘团队额外的奖励。这样，不仅激励了做得好的招聘总监及团队，同时也给了做得不好的招聘总监和团队以动力，招聘总监之间薪酬的差距也是非常大的。

第二节 | 企业不同时期的差异化招聘

处于不同发展期的企业的差异化管理是不一样的，此处以初创企业举例。初创企业通常处于业务前景不明朗的阶段，甚至对于业务模式都有可能不是很清晰，也有诸多不确定的因素影响着企业未来发展的前景。基于此，候选人进入初创企业可能会存在一定的风险，比如入职时间不长，团队可能就解散了。因此，市场上有许多候选人不太愿意进入初创企业。此外，初创企业的各项流程、制度等比较匮乏，管理也比较随意，在挑选候选人时管理者的主观因素多，比较依赖自己的风格来招聘人选，在公平性、效率等方面都有诸多不尽如人意的地方。另外，初创企业的薪酬、竞争力也缺乏吸引力，这是因为企业自身的盈利都无法保证，薪酬支付能力自然薄弱。

以上这些原因，都对招聘官构成了极大的挑战，因此，处于不同发展时期的企业对招聘官的能力和胜任力所要求也是有差异的。

一、初创企业需要招聘官具备这些能力

1.“信”，相信企业的事业。事业的根本在于“信”。你需要一位能够思考该去做些什么样的工作、能够为企业增加价值的人，最重要的一点是，这个人应该相信企业的未来愿景。有些人是为事业来的，有些人是为金钱来的，作为招聘官则要能够识别候选人加入初创企业的真正目的。招聘官相信公司的事业，才会把公司的愿景

传递给候选人，让他们也相信，并吸引他们加入公司。

2.有动力、有激情、有韧性。初创企业，凡事都要招聘官亲力亲为，要从0到1组建团队，不仅要给各部门搭建团队、组建班子成员，还需要给自己的部门招兵买马；既要负责招人，还要亲自面试候选人，忙得不亦乐乎。就拿我本人举例，2015年我加入某大型控股集团时，以招聘总监入职，整个集团的人力资源部，负责招聘的只有我一人，整个办公室里面也只有十几个人，但在不到一年的时间里，我不但完成了自己团队的组建，还给集团招来了几十个人，其中半数以上都是高管。

3.有好的态度，学习能力强。技能是可以通过努力获得的，但是态度不能。要聘用热爱学习的人，他要能在短时间内搞懂公司的业务、产品以及基本的运营模式，可以不断地自我激励、不断地挑战自己，去学习新的技能。

4.品行端正、唯才是举。就像之前强调过的，人品比能力更重要，“物以类聚，人以群分”，自身是什么样的人，就能招来什么样的人，只有招聘官自己人品端正，才能给公司招来品行端正的人。

小米的创始人雷军说，初创期的成功=现金流+人才，由此可以看出“人”的重要性。

二、成长期企业需要招聘官具备这些能力

1.强调招聘的流程管控能力。处在扩张期的企业对于人才的需求急剧增长，因此，招聘官需要有整体的招聘程序和规划经验，要可以对招聘的各个环节进行把控、制定人才策略。

2.规范的工作流程。要可以协助业务负责人定期梳理出公司的重要职位、制定规范的工作流程，并按照业务的紧急情况配备人选。

3.切忌盲目招聘。切忌因招聘任务急、时间紧而忽视质量、盲目招聘，应该明确招聘标准，招聘员工的素质也要趋于专业化。

三、成熟期企业需要招聘官具备这些能力

成熟期企业人力资源管理的重点就是提高员工的工作积极性和创新性。因此，招聘官要积极为企业引进具有创新才能的优秀人才，这个时期的企业对招聘官的能力要求有以下几点：

1.对业务有深入的理解。

2.对高潜力人才有一定的招聘能力。

3.对未来的人才需求要有预判能力。

4.通过人才战略引导创新和变革的能力。

5.对制度、流程的把控能力，能严格按照公司的业务需求配备人才。

四、衰退期企业需要招聘官具备这些能力

处于这个阶段的企业，核心人才的流失比较严重，为了减少不必要的人员、降低人工成本，使企业保持高度的灵活性和弹性，招聘官在进行人员优化的同时还要能够从外部吸引富有创新精神并且有丰富经验的人才，给企业注入新鲜血液。这个时期的企业对招聘官的能力要求有以下几点：

1.要有很好的沟通能力和对公司业务的理解能力。

2.要有说服候选人在公司衰退期还能加入公司的能力。

3.要有裁员的能力。

第三节 ┃ HR如何从支持者走向赋能者

“无论是在商场还是在战场上，快速反应和适应能力都至关重要，创造是协同合作的产物，创新是团队努力的结果。”善于自我赋能，将是今后职场的核心竞争力，它将在很大程度上决定你和别人的差距，而这个差距决定了你人生和财富所能达到的高度。

“赋能”一词在国内最早火起来是因为阿里巴巴的执行副总裁曾鸣，他在《重新定义公司》的序言中提到了这么一句话：“未来组织最重要的职能是赋能，而不再是管理或激励。”

那到底什么是“赋能”呢？“赋能就是为某个人或某个主体赋予某种能力和能量。”它最早是积极心理学中的一个名词，旨在通过言行、态度、环境的改变给予他人正能量，后来被广泛应用于商业和管理学中。其理论内涵是企业由上而下地释放权力，尤其是员工们自主工作的权力，从而通过去中心化的方式驱动企业组织走向扁平化，最大限度发挥个人的才智和潜能。

作为公司的人力资源部门，如何“赋能”才不会被淘汰呢？我大致概括了以下四点：

1.给招聘团队赋能。快速搭建和培养一支有团队协助能力的公司招聘团队。

2.业务赋能。寻找和公司战略发展理念相一致的候选人，支持新入职的高端人才快速掌握公司的业务模式，帮助高端人才搭建业务团队。

3.从HR的视角发现各种需求。将这些需求整合成人力资源规划，成为公司整体战略下的人力资源子战略。

4.抓业务能力。挖掘员工的潜能、激发员工的热情、整合团队资源和智慧，应对环境变化。

一、阿里巴巴的招聘赋能模式

阿里巴巴蚂蚁金融在2018年3月大约有7000人，以北京、上海、杭州、成都、深圳为主要业务点，公司仍然保持着快速增长的势头。如果按照传统的招聘人员配置，7000人体量的公司，可能需要配备50人的招聘团队。但是，蚂蚁金融只有7人的招聘团队，他们能hold住7000人的盘子，靠的就是“赋能大法”，其主要经验在于：

1.理念上的变化。“首先，把招聘权还给业务主管”，蚂蚁金服的招聘总监薛晖说，他认为“招聘是业务主管自己的事情，因为他们要搭班子、带团队、做业务、拿结果”。业务部门最清楚自己要什么样的人、这些人能做成什么样的事情等，只有把自己的团队建设好了，才会有好的产出和结果。其实，“招聘HR要后撤”，让业务主管站在人才市场的最前端，也就是让业务主管站到招聘第一线，招聘HR撤到后台，给前线提供“枪支弹药”。

2.模式上的变化。传统的招聘模式，都是由招聘团队帮助业务主管拟定职位描述和职位要求，帮助业务主管组建团队，然后再把人才输送给HRBP。而蚂蚁金服采取的是“三位一体”的模式，让业务部门、招聘团队、HRBP三者之间发生联系，形成一个网状结构的三角关系，而这种三角关系就是招聘“三位一体”模式得以运行的前提。在这种模式下，HRBP也被“混编”在业务团队中，而招聘团队则属于独立的团队。

3.打法上的变化。招聘可以简单分成批量招聘和高端招聘，在此我只介绍高端招聘。做高端招聘，还是需要专业的招聘团队冲在最前面，他们需要了解市场上的人才分布情况、做人才地图、看看这些人分别在哪些公司、在市场上有哪些竞争对手等，然后找到最优秀的候选人，再把他们请进来，由业务部门去做后面的吸引和说明工作。除此之外，招聘HR还负责把品牌、服务和平台打造好。以上就是阿里招聘的“赋能”模式。

二、E公司的招聘赋能模式

E公司在招聘赋能上也有很好的、值得借鉴的模式。2018年，E公司人力资源部举办了“卫蓝者行动”招募路演、“微电影大赛”等多项活动，开展了多场体验式社招活动，不断探索招聘新模式，为候选人带来了更优质的招聘体验，对于高端人才，会有精美的入职通知书发放、有专门的招聘饮用水和红酒、有专车去机场或火车站接送，有专人带候选人参观公司展厅。HRVP和招聘总监会不定期地带队去拜访全国各地的高端人才，会在一些重要的城市如上海、广州、西安、武汉和成都等做雇主品牌宣传，邀请高管去全国各地有生产线的地方参观，如E公司的产业基地等。通过沉浸式、场景化、强互动的形式，全方位、多角度考查人才的综合素质，在全球范围内寻找高潜力的优秀人才。雇主品牌战略使人才与企业之间产生了强大的亲和力，使企业在雇主市场上持久地保持知名度和美誉度。

E公司的这种招聘赋能模式与阿里的招聘赋能模式存在很大的差

异，但是都能对招聘起到积极的推动作用。E公司侧重于通过自上而下的、以建立雇主品牌为动力的招聘形式，来吸引候选人的“眼球”；阿里则是自下而上，从业务的视角推动招聘，从而达到吸引候选人“眼球”的目的，更好地提升雇主品牌。阿里和E公司的招聘目的其实都是一样的，只是在招聘的表现形式上有差异而已。

第十三章 技术对招聘的影响

本章导读

本章着重介绍了大数据时代下，企业招聘的特点。比如，人们如何把人工智能、区块链、云计算和大数据运用在招聘中，提高招聘效率、降低招聘成本等。目前，人工智能能帮助人们从海量的简历库里抽身，但它还是很难代替人，“人”与“机”更是一种协同的关系。随后，本章探讨了大数据如何驱动人力资源转型、大数据如何引领HR变革等，进一步阐述了人工智能在近期只会大幅度取代职业中机械性和逻辑性的工作任务，但是在情感和社交领域里，还暂时替代不了人类等。职位内涵的丰富性决定了创造性将成为未来职业价值的核心体现。

大数据时代的到来，改变了人们传统的工作模式和思维习惯，对人力资源的影响很大；网络化的招聘打破了地域的界限，招聘的范围更广；数据化的人力资源管理提供的信息分析更加准确、高效，HR管理的高效对数据信息化模式的发展也起到了良好的促进作用。只有优化人力资源管理模式、适应社会发展的趋势，才能促进企业的进一步发展、成长。

第一节 | 大数据时代下，企业的招聘特点

早期的企业HR对数据并不陌生，我就是十几年前接触到的HR数据。那时，技术通过招聘来收集员工信息，用大数据分析招聘的效率、了解招聘来的人是通过哪些渠道和方式找到的公司及加入公司后是否稳定、给企业带来了怎样的效益等。

早期的HR招聘过程就涉及很多数据，如候选人简历、测评及评估表等，这些数据就是按照某个业务流程预先设定的一些甄选标准，企业通过这些标准来判断候选人是否满足企业需求。它整合了招聘的信息渠道，提高了企业信息搜索的有效性，使招聘官可以系统地进行招聘管理工作，使碎片化的信息渠道转化成系统化的流程操作，密切了企业人力资源和业务部门之间的协作关系，并分清了权责，提高了招聘管理的水平和招聘效率、降低了招聘成本、提高了招聘质量，实现了招聘效果的量化管理等；大数据下的招聘工作可以做到信息预测，帮助企业人力资源更好地进行量化指标的选择，便于招聘条件的筛选、招聘计划的制订，用数据来解决招聘工作中存在的问题。

第二节 | 数字化时代的招聘渠道管理与分析

真正的大数据研究的是非结构化数据，并非根据既定标准去收集信息。大数据招聘就是通过多地采集候选人非结构化的、自然的、社交媒体和网络上的数据，来支持已有的结构化数据，从而进行判断。如果能做到这些，就会使招聘决策更加精准。

通过大数据可以在人才吸引、渠道分布和信息发布的有效性上作分析，以此了解应聘者的来源，从而判断使用某种渠道进行招聘的优劣势。以德勤会计师事务所（Deloitte）的社招为例，通过员工推荐招用的员工量占到整个招聘量的45%，公司对推荐成功的员工有额外的人才奖励金，这样就刺激了员工推荐人选的积极性。

依靠大数据进行判断，能使决策过程更加科学化。目前，已有越来越多的企业开始利用社交媒体进行招聘。

大数据有四种应用方式，分别是：A（AI，即人工智能）、B（Blockchain，即区块链）、C（Cloud，即云计算）、D（Data，即大数据）。

1. AI。这是近年来很热的一个领域，AI就是用电子仪器尽可能地模拟人的精神活动，未来或许能改善并超出人的能力。目前比较成熟的AI技术有苹果的Siri——苹果手机的语音助手，能指导人们在苹果手机里进行简单操作；国内有小米的小爱同学、百度的小度，它们可以根据客户要求，提供一些简单的帮助，如我们想让它们播放音乐，只要详细地给出歌名即可，但是它们目前还停留在比较原始的阶段，也只能判断代码里写好的事情。但AI仅仅还在初级阶段就做出了这么多功能，无法想象未来的AI能做到什么程度。

2. Blockchain。百度是这样解释区块链的，“是指通过去中心化和去信任的方式集体维护一个可靠数据库的技术方案”。

讲得再通俗一点，区块链技术就是“指一种全民参与记账的方式。所有的系统背后都有一个数据库，你可以把数据库看成一个大账本，谁的系统谁来记账，如微信的账本就是腾讯在记，淘宝的账本就是阿里在记。但在现在的区块链系统中，系统中的每个人都有机会参与记账，一定时间内只要有任何数据变化，系统中的每个人都可以来进行记账，系统会评判这段时间内记账最快最好的人，把他记录的内容写到账本，并将这段时间内的账本内容发给系统内所有的其他人进行备份。这样，系统中的每个人就都有了一本完整的账本。这种方式，我们就称它为区块链技术”。

3.Cloud。参考网上对此的解释，“其实云端（Cloud）就是互联网（Internet），通过网络的计算能力，取代本地的软件、取代把资料存储在本地的方式，转而通过网络来进行各种工作，并将文档、资料等存放在网络，也就是庞大的虚拟空间上”。

百度、谷歌都是云平台提供商，其他知名的云平台还有Dropbox（多宝箱）、亚马逊、苹果等，这些大公司抓住了企业和个人用户的需求，并把这些需求转变成不同层级的服务，提供给不同层级的人，方便网络存储、文件协同，使管理信息同步，降低了成本、提高了效率，给企业和个人用户带来了极大的方便。

4.Data。百度上对大数据的定义是，“大数据是一种规模大到在获取、存储、管理、分析方面都大大超出传统数据库软件工具能力范围的数据集合，有海量的数据规模、快速的数据流转、多样的数据类型和价值密度低四大特征”。大数据分布常和云计算联系在一起。

第三节 | 建立人工、系统双重筛选

通过大数据进行精准招聘不是把过去的几个关键词检索变成十几二十个关键词检索。我们可以利用人工智能充当我们的助手，它们可以同步处理不同信息，从海量简历里筛选出初步符合条件的，招聘官可以根据关键字筛选简历，利用社会数据来确定候选人，并使用在线问卷。

部署人工智能助手和机器人聊天回应候选人的询问或安排面试。至于筛选出来的人选进行到第几轮面试了、有多少个符合面试的人、哪些人更符合岗位的需求，还是需要人进行判断。判断的标准是随时在变化的，至少从目前来看，人工智能还很难对人作出判断，我们还是需要一对一的人工面试沟通，然后再配合测评、背调等工具，找到符合企业价值观和可与企业一起成长的人。另外，对于企业文化融入、价值观的匹配、雇主品牌建设等，人工智能目前也还做不到。

举例 来自百度的案例

专注于使用AI解决招聘问题的公司Ideal，通过顶尖的人工智能技术，可以解决以下问题：

1. 自动筛选简历。“通过分析大量HR的招聘行为（初筛、安排面试等），建立HR筛选简历的模型，同时结合当前用户的招聘需求、岗位要求、公司情况、候选人偏好、历史行为等，快速从海量简历中筛选，大幅提升简历筛选效率。通过互联网抓取候选人的大量数据，如微博留言、情绪倾向、个人成功事件、失败痕迹等，综合判断候选人的性格，从而帮助HR判断候选人入职后可能的表现以及稳定情况。”用人工智能筛选简历，用区块链保证背调的真实性。

2. 候选人挖掘。通过将人才库现有候选人信息与网上公开的最新信息进行比对，自动更新候选人简历，同时结合人工智能自动文本内容、言论匹配、大数据性格分析等技术，匹配HR招聘岗位，帮助HR激活现有简历库。

3. 候选人沟通机器人。“聊天机器人通过视频识别、语言识别，判断候选人对应聘岗位的信心、对工作要求的理解能力、对工作的判断能力，甚至候选人出现的一些下意识的表情都会被捕捉到，用来判断候选人当前是否在思考、编造谎言等，为HR判断候选人提供有效的帮助。”

（引用自：https://ideal. com）

举例 招聘史上首次“人机大战”

“当今对互联网科技和大数据的应用已经越来越深入地渗透到各

行各业，人工智能频频‘上头条’，传统公司积极拥抱人工智能，创业公司也纷纷试水，唯恐错过了人工智能的‘早班车’。在生活服务领域有马云火爆的无人超市和李彦宏的无人驾驶，在围棋界有了无敌手的Alpha Go，人们开始为他们的职业是否会被各种新科技所取代感到焦虑。”

在享受互联网发展带来的便捷的同时，不少相关从业者也在忧虑，人工智能的蓬勃发展，是否会取代猎头这个具有典型顾问性质的行业呢？

2018年，猎聘举行了一场别开生面的“人机大战”，资深HR和猎头与猎聘机器人竞赛，筛选与岗位要求匹配的简历。

任务：

由评委给出一个技术岗位，C/C++开发工程师，还有一个非技术的岗位，高级产品经理。宣布开始后，机器人花了0.154秒各找出了五份匹配的简历，五个招聘专家花了15分钟至30分钟，各找出了五份匹配的简历，然后由六位评委从六个维度：职能、技能、行业、薪资、学历、地区一起给这些简历的匹配程度打分。最后，人类与机器人的比分是18.96：18.60，招聘专家在行业匹配度和学历匹配度方面略胜一筹，但在速度方面，机器人实现了“秒搜”。

通过这次有意思的对决，可以看到，目前机器人在简历的初步筛选方面还是非常有优势的，可以为招聘官节省大量的时间。由此可见，人类和机器人目前不是谁取代谁的问题，而是如何更好地实现人机协同和人机一体的问题。

未来的招聘一定是基于数据的人工智能招聘。未来，技术会由人工智能解决，但由于它是机器，只能机械地按照人们给它设定的关键词来筛选出人们想要的简历，而该简历是否适合自家企业，还需要招聘官去判断，由招聘官为候选人做一对一的面试，然后进行测评、背调等，决定最终的录用。

人是一种有感情的高级动物，有自己的真情实感和思维方式，这是目前的人工智能无法替代的。因此，我们也可以把候选人的信息看作区块链，从而找到与之相关的信息，再根据我们对职位描述和职位要求的了解，从中找出符合我们需求的重要信息，再通过云搜索、云计算，把数据收集起来进行相关测评。然后结合测评结果，形成新的数据补充源，使招聘官的判断更精准、决策更合理，从而节省招聘费用、降低招聘成本。

第四节 | 以E公司为例，探讨大数据驱动人力资源转型

大数据还可以驱动人力资源管理转型，可以从一家公司的人力数据总量的变化、人力资源的整体结构、人力资源的流动、人力资源的储备到招聘团队的具体招聘情况等方面，分析该公司的现状。

E公司的全球人力资源总部曾以“人才智胜”为题，和人力资源资深专家汇聚一堂，共同探讨人力资源管理议题和人才发展计划。其全球人力资源总部始终将选拔和培养优质人才作为头等大事，自2018年以来，投入了精英招聘团队，采取了问卷调查、抽样访谈、圆桌会议、外部测评、定量定性分析等手段进行招聘。

E公司的内刊中有一篇文章是这样说的：

“全球人力资源总部负责人以‘大数据引领HR变革’为主题，从人力数据总量变化、人力资源储备、招聘团队具体招聘情况等方面，分析和总结了E公司的人力资源现状，全球人力资源总部围绕集团两个‘421’战略目标及‘212’目标展开讨论，大力支持全球预售营销、产业园落地、装备交付方面的人才需求。同时对集团现有的人才进行盘点，通过问卷调查、抽样访谈、圆桌会议、外部测评、定量定性等手段，初步建立了人才‘四库’，即战略性岗位人才库、专家库、高潜人才库和继任者库。并引入了大数据，构建人力

资源度量体系，度量人力资本数据价值，基于事实为战略决策提供支援，将人力资源部的数据智能应用，通过数据指标和分析方法帮助HR更准确地找到潜力高并符合公司价值观的人。在此基础上，E公司对大数据的应用最终要形成独特的大数据体系，帮助员工适应E公司的文化、环境和价值观，发挥其胜于以往的能力和价值。”

在沟通和探讨中，E公司认为其人力资源大数据应用还处在非常原始的数据阶段，迫切地想应用招聘模块。针对这些讨论，领英中国产品解决方案负责人提出，人才大数据具体可以应用在三个方面：“1.人才供给能否支持战略，利用大数据搜索目标人才；2.人才流动能否赢得竞争，蓬勃发展的经济体中的人才更愿意跨界跳槽；3.人才策略如何赢得竞争，75%的求职者最想了解的是公司文化和价值观。”

某专家表示，数据驱动下的招聘及人力资源管理变革主要体现在以下几个方面：

1.人力资源干预活动前置。

2.只招聘最优秀的人。

3.随需随聘的员工。

目前，市场上就有一些做临工的公司，他们通常招聘一些专业性或技术性强的人员，去某一家公司工作，通常是以短期的临时工为主，工作半年或一年左右，员工去对方公司工作，如果项目没有完成，还可以再续签一段时间。

4.根据测评、潜力、DNA、神经档案等认知性技术雇用可量化的员工。

5.接受增强劳动力（机器人、人工智能、传感器、认知计算）等。

6.开放式人才经济可能成为主流（社群、自由职业者等）。

图书在版编目 (CIP) 数据

金牌招聘官是怎样炼成的 / 惠惠著. —北京：中国法制出版社，2020.6

ISBN 978-7-5216-0962-2

Ⅰ. ①金…　Ⅱ. ①惠…　Ⅲ. ①企业管理—人力资源管理—招聘

Ⅳ. ① F272.92

中国版本图书馆 CIP 数据核字（2020）第 043945 号

策划编辑：潘孝莉（editorwendy@126.com）

责任编辑：潘孝莉　陆伶楠　　　封面设计：汪要军

金牌招聘官是怎样炼成的

JINPAI ZHAOPINGUAN SHI ZENYANG LIANCHENG DE

著者 / 惠惠

经销 / 新华书店

印刷 / 三河市紫恒印装有限公司

开本 / 710 毫米 ×1000 毫米　16 开　　　印张 / 16.75　字数 / 200 千

版次 / 2020 年 6 月第 1 版　　　2020 年 6 月第 1 次印刷

中国法制出版社出版

书号 ISBN 978-7-5216-0962-2　　　定价：59.00 元

北京西单横二条 2 号　邮政编码 100031　　　传真：010-66031119

网址：http://www.zgfzs.com　　　**编辑部电话：010-66073673**

市场营销部电话：010-66033393　　　**邮购部电话：010-66033288**

（如有印装质量问题，请与本社印务部联系调换。电话：010-66032926）